心修自然 ｜ 强技养德

大学生入学教育

主 编 熊楚国 冯森洋 程晓琼
副主编 秦武峰 黄翠芳 戈 英 王 晓 刘 尤
　　　　左晓明 刘海东 何紫薇
参 编 冯晓乐 章 灿 王云霞 李春艳 韩佳雪
　　　　吕 昕 姜天羽 罗 培 胡 霞

华中科技大学出版社
http://www.hustp.com
中国·武汉

内 容 简 介

本书主要面向大学新生,开展入学教育使用,以读懂"自己的大学"为切入点,以湖北生态工程职业技术学院建设发展为依托,立足素质教育,通过学校改革发展历程、办学历史及文化积淀介绍,秉承"从感性到理想"的认知过程组织内容,引导入校大学新生通过熟悉大学生活和环境,认知大学;通过明确成长轨迹,做好个人职业学习规划;通过深入认识生态文明建设的文化内涵与重要意义,牢固树立可持续发展理念,培植主人翁自豪感,树立良好的学习态度和发展导向,为后期的学习成长成才打下坚实基础。

图书在版编目(CIP)数据

大学生入学教育/熊楚国,冯森洋,程晓琼主编. —武汉:华中科技大学出版社,2021.8(2024.9 重印)
ISBN 978-7-5680-7501-5

Ⅰ.①大… Ⅱ.①熊… ②冯… ③程… Ⅲ.①大学生-入学教育-高等职业教育-教材 Ⅳ.①G645.5

中国版本图书馆 CIP 数据核字(2021)第 169653 号

大学生入学教育
Daxuesheng Ruxue Jiaoyu

熊楚国　冯森洋　程晓琼　主编

策划编辑：袁　冲
责任编辑：狄宝珠
封面设计：孢　子
责任监印：朱　玢

出版发行：华中科技大学出版社(中国·武汉)　　电话：(027)81321913
　　　　　武汉市东湖新技术开发区华工科技园　　邮编：430223
录　　排：武汉创易图文工作室
印　　刷：武汉科源印刷设计有限公司
开　　本：787mm×1092mm　1/16
印　　张：11.25
字　　数：274 千字
版　　次：2024 年 9 月第 1 版第 4 次印刷
定　　价：36.00 元

本书若有印装质量问题,请向出版社营销中心调换
全国免费服务热线：400-6679-118　　竭诚为您服务
版权所有　侵权必究

前言
Preface

大学,是青春的主战场,是人生梦想又一个新的开始。

莘莘学子,历经寒窗苦读,终于步入了这向往已久、绚丽多彩的象牙塔,每一个青年在收获喜悦的同时,都应该清醒地认识到,如何充分利用大学这个宽广的平台,强化自身修养、拼搏进取,在不断的进步中沉淀出更优秀的品质,在大学里塑造出一个素质高、技术能力强的自我。本书主要面向大学新生,开展入学教育使用,旨在引导大学新生"读懂"自己的大学,能够快速适应大学阶段新的环境和生活,及时转换角色,养成良好的行为习惯,学会在学习中思考、在交流中提升、在发展中创新,树立正确的理想和信念,明确人生目标,激发潜质,为明天的成功打下坚实基础。

本书是以生态文明建设和湖北生态工程职业技术学院建设发展为依托,立足素质教育,彰显学校"心修自然,强技养德"的校训和"质量立校、特色兴校、改革活校、创新强校"的办学思想,通过对学校改革发展、办学历史及文化积淀的介绍,引导大学生深入认识生态文明建设的文化内涵与重要意义,通过特色校园文化建设成果和育人成果介绍,使入校新生读懂大学的文化本质并接受熏陶。教材秉承"从感性到理想"的认知过程组织内容,使入学新生通过认知大学,明确成长轨迹,再到融入大学生活,塑造自我,分层递进。

本书总计分为六章内容,分别是第一章学校发展建设,介绍学校办学理念、成果、建设目标等;第二章校史,展现学校历史变革和辉煌历程;第三章校园文化,通过学校环境文化、生态文化、技能文化、社团文化等校园文化建设成果的介绍,展现学校厚积薄发的文化内涵,使青少年牢固树立生态可持续发展理念,为后期的学习成长成才打下坚实基础;第四章校园生活与成长,引导入校大学新生认知大学生活,学会学习和人际交往,树立积极的价值观;第五章安全教育,强化大学生认知风险、化解风险的能力;第六章职业生涯规划,帮助学生增强职业理念,做好职业学习规划等。

本书的特点主要表现为以下几个方面。

(1)引入校史、学校发展规划与建设成果内容。秉承读懂"自己的大学"的思路,增添学校发展建设成果,培植新生的主人翁自豪感,树立良好的学习态度和发展导向。

(2)引入生态文明建设。贯彻落实党中央关于构建生态文明和谐社会的精神,把生态文明建设与校园文化建设相结合,彰显"生态特色"。

(3)引入技能文化内容。以培养高素质技术技能人才大国工匠的职业育人目标,基于专业特色和人才培养成果基础,把技能文化作为校园文化建设和素质培养的重要抓手。

本书是基于湖北生态工程职业技术学院育人特色和多年来的入学教育内容体系凝练而成。其中,校园文化模块是我校 2020 年获批的湖北省高校学生工作精品项目《打造"一专一品"校园特色文化育人品牌》课题的阶段性研究成果。

本书由熊楚国、冯森洋、程晓琼担任主编,由秦武峰、黄翠芳、戈英、王晓、刘尤、左晓明、刘海东、何紫薇担任副主编。具体编写分工为:第一章由熊楚国编写,第二章由冯森洋、程晓琼编写,第三章由冯森洋、秦武峰、王晓、左晓明、刘海东编写,第四章由黄翠芳、何紫薇、章灿、韩佳雪、姜天羽、王云霞、罗培、胡霞编写,第五章由刘尤、吕昕、冯晓乐编写,第六章由戈英、李春艳编写。

由于时间紧,任务重,书中难免有不足之处,敬请读者批评指正。

编　者

2021 年 6 月

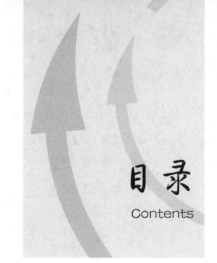

目录 Contents

导读　大学　/1

第一章　学校发展建设　/2
　　/第一节　办学理念　/2
　　/第二节　建设目标　/4
　　/第三节　校训、标识文化　/5
　　/第四节　办学成果　/6

导读　桃李满荆楚　积淀促腾飞　/13

第二章　校史　/14
　　/第一节　办学重要时期　/14
　　/第二节　历史沿革与发展　/18

导读　文化塑校园　舒展一幅水墨丹青的画卷　/26

第三章　校园文化　/27
　　/第一节　环境文化　/27
　　/第二节　生态文化　/43
　　/第三节　技能文化　/49
　　/第四节　社团文化　/89

导读　在大学里成长　/96

第四章　校园生活与成长　/97
　　/第一节　学会学习　/97
　　/第二节　人际交往　/101
　　/第三节　大学里的爱情　/107
　　/第四节　身心健康　/133

导读　安全重于泰山　/146

第五章　安全教育　/147

　　/第一节　常见的安全问题　/147

　　/第二节　安全问题的预防与应对　/154

导读　认识自我 做好未来规划　/161

第六章　职业生涯规划　/162

　　/第一节　职业规划准备　/162

　　/第二节　职业规划实施　/165

参考文献　/173

> 导 读

大　学

每一位学子都有自己的梦想，十年寒窗，在知识的海洋中勇攀高峰，一步一步实现自我，迈入心仪已久的高等殿堂。

大学对每个莘莘学子而言，神秘又向往。或许不同的人，对大学生活的向往有着多样的偏差，立于物质期望美食丰富、环境舒雅，立于情感乐于悠闲放松、放飞自我，立于未来渴求新的知识与技能、百炼成钢等，如上类似，无可厚非，因为向往的总是偏向个人喜好。

大学不是幻想，更不是妄想，而是我们伟大的理想，是人生成功的新起点。

迈入大学，置身新的环境，映入眼中的每一帧画面都是惊喜。不要留恋于山的壮丽、湖的涟漪，更不要沉醉于林荫道的流连忘返。前清华大学校长梅贻琦在就职演讲中曾讲"所谓大学者，非谓有大楼之谓也，有大师之谓也"。要学会用心去感悟，嗅着樟树的清香，透过密集的年轮汲取历史的厚重；迎着和煦秋风，闭目品味风中蕴含的书香。

大学是完善自我品格，思想逐渐成熟的最佳时光。学知识强技能，掌握立身之术；勤思考强交际，学到处事之法；重素质挖潜质，修得高尚品格。锦瑟年华，稍纵即逝。用奋斗充实生活，用汗水夯实前进的道路。重实践谋未来，让青春的光芒在大学校园里绽放。

大器如斯，英雄如斯。在梦想和现实之间没有捷径，在光荣与平庸之间没有跳板。一切的转换都基于那本质上的穿越——穿越世俗的屏障，穿越自我的藩篱，穿越精神的羁绊。

青春是成长的资本，青春是大学的主旋律。

走进大学，让青春与生态同行。

第一章 学校发展建设

第一节 办学理念

湖北生态工程职业技术学院是经湖北省人民政府批准,教育部备案设立的国有公办全日制普通高等院校。学校创建于1952年,地处"九省通衢"的华中重镇武汉市,毗邻武汉·中国光谷,是华中地区的唯一一所生态类高校,培养美丽事业建设者的摇篮;是世界技能大赛突出贡献单位、世界技能大赛中国集训基地、国家级高技能人才培训基地、全国生态文明教育特色学校,也是湖北省优质高职院校、湖北省技能型人才培育突出贡献单位、湖北省高技能人才培训基地、湖北省十大职业教育品牌、大学生思想政治教育先进集体、湖北省大学生创业示范基地和湖北省大学生就业工作先进单位。

一、学校概况

学校占地面积729亩,校外实习基地11000亩,校舍建筑面积30万平方米,固定资产近4亿元,教学仪器设备总值近1亿元,图书馆藏书67万册。

学校建有林业3S技术、气相色谱、液相色谱、原子吸收、摄影测量、林业有害生物防治、化学分析检测、植物组织培养、茶叶加工及审评、环境工程、水处理技术、生物综合、环境工程虚拟仿真、园林植物繁育、园林植物造景、风景园林设计、园林工程施工、花艺设计、艺术压花、生态规划与修复、古建筑设计与施工、建筑工程施工、工程造价、BIM实训、招投标仿真、项目管理仿真、室内设计、木材工艺、家具制作、精细木工、雕刻与产品设计、工艺美术、形体礼仪、器乐声乐、生态旅游、智慧旅游、餐饮服务、婚庆策划、数字传媒、茶事服务、财务云共享、智慧物流、新商科、京东双创孵化、物联网应用技术、信息安全、云计算、大数据、电子产品设计与制作、数控加工、工业机器人应用、PLC可编程控制系统、虚拟工厂等100多个设备先进的校内实训室和基地,建有武汉地大建筑设计有限公司生态工程设计研究院、林业与生态文明研究所、新华三数字工匠示范学院、红帽学院、甲骨文软件学院等"产学研"融合的院所,以及林业调查规划、园林景观设计、赛石园林古建大师、创美装饰设计、非遗传承、生态旅游、佳影传媒、婚庆策划等10余个工作室,并建有120余个稳定的校外实训基地。

学校现有教职工658人,其中专任教师508人,有博士生导师、教授、副教授、高级工程师等高级职称人员177人,楚天技能名师16人,"双师"素质教师386人;教师中取得博士、硕士学位的有294人,6名教师享受国务院政府特殊津贴,3名教师享受湖北省人民政府专项津贴,3名教师被评为湖北省有突出贡献中青年专家,1名教师被评为全国林业和草原教学名师。

学校现有生态环境学院、园林建工学院、艺术设计学院、信息机电学院、旅游管理学院、中职教育学院、马克思主义学院、通识教育部、继续教育学院等8院1部,全日制在校生12000余人。开设了林业技术、园艺技术、药品生物技术、茶叶生产与加工技术、茶艺与茶文化、测绘地理信息技术、环境工程技术、风景园林设计、园林技术、建筑工程技术、工程造价、古建筑工程技术、环境管理与评价、工程测量技术、建筑室内设计、家具设计与制造、艺术设计、艺术教育、数字媒体艺术设计、计算机应用技术、计算机网络技术、信息安全技术、物联网应用技术、大数据与会计、木工智能装备应用技术、机电一体化技术、工业机器人技术、新能源汽车技术、森林生态旅游与康养、婚庆服务与管理、电子商务、市场营销、酒店管理与数字化运营、现代物流管理等30余个专业。其中,国家骨干专业5个,国家级校企共建生产性实训基地1个,国家级教师培养培训基地1个,国家级技能大师工作室1个,全国职业院校林草类重点专业1个,湖北省林业职业教育品牌专业3个,省级品牌专业2个,省级特色专业4个,"楚天技能名师"设岗专业16个,湖北名师工作室1个,湖北省职业教育技能名师工作室2个。

二、办学理念

(一)学校坚持开放办学

我校与中国林业科学研究院、湖北省林业科学研究院、北京林业大学、华中农业大学、武汉理工大学、中南财经政法大学、武汉工程科技学院、武汉生物工程学院等科研院所(校)合作共建专业及实训室,与武汉林业集团、中铁五院、武汉华测、湖北九森、太子山林业、赛石园林集团、普邦园林、万千花境、京东集团、远洲集团、浙江横店影视集团、新华三集团、万华集团、芯慧联、中达电子、木德木作家居、武汉一家一欧标、上海博思等100多家大型企业深度合作,现共建有53个现代学徒制的订单班,实现校企"双主体"协同育人,积极构建"产教融合、校企合作"的人才培养模式,全力打造高素质技术技能型专门人才。学校高度重视毕业生就业创业工作,在校内建立有大学生创新创业孵化基地,目前先后有60余家学生创新创业项目入驻;近三年毕业生供不应求,毕业生就业率达95%以上,普遍获得社会广泛认可和用人单位的好评。

(二)学校坚持以高职教育为主体

我校与华中农业大学、华中师范大学等高校联合开展非全日制专升本学历培养,学生可同时获取国家承认的本科学历并授予学士学位。近几年,学校每年还有大批优秀毕业生通过"专升本"考试进入长江大学、江汉大学、武汉纺织大学、武汉轻工大学、湖北师范大学、湖北民族大学、湖北汽车工业学院、湖北经济学院、湖北警官学院、湖北文理学院、湖北工程学院、湖北科技学院、黄冈师范学院、湖北第二师范学院等本科院校继续进行全日制学习深造。

(三)走行业特色发展之路

党的十九大提出,"满足人们对美好生活需要""加快生态文明体制改革,建设美丽中国"

"优先发展教育事业""完善职业教育""实施乡村振兴战略",为学校发展提供了前所未有的重大发展机遇。学校将紧紧围绕"质量立校、特色兴校、改革活校、创新强校"的办学思想,践行"心修自然,强技养德"的校训,坚持党建引领,聚焦双高目标,深化三教改革,把握四项关键,强化五育并举,行开放开门办学之策,把建设特色鲜明、优势突出的中国特色高水平职业院校作为不懈追求的目标,谱写新时代学校工作的新篇章。

第二节　建设目标

一、指导思想

以习近平新时代中国特色社会主义思想为指导,按照"五位一体"总体布局、"四个全面"战略布局和新发展理念,全面贯彻党的教育方针,落实立德树人根本任务,扎根林业行业办高职,服务生态文明、美丽中国建设、区域林业产业转型升级和更高质量更充分就业需要,深入推进产教融合校企合作,健全德技并修、校企双主体育人机制,为湖北乡村振兴和现代林业产业走向中高端提供高素质技术技能人才支撑,建设湖北省高水平高职学校,为全省职业教育发展提供经验和方案。

二、建设思路

根据"举生态旗、走绿色路、打林业牌、创特色校"的总体办学思路,构建双高建设"12345"的具体思路,坚持"一个引领"(党建引领事业发展),围绕"两个聚焦"(高水平教师队伍建设、高水平专业群建设),完善"三大平台"(生态技术技能人才培养平台、林业科技创新与服务平台、生态文化传承与创新平台),把握"四个关键"(引领改革、对接产业、支撑发展、彰显特色),实现"五力提升"(产业贡献力、区域影响力、同行辐射力、学校治理力、学生发展力)。

三、发展目标

学校以"湖北林业高质量发展离不开,全国林业职教同行都认可,参与国际交流有贡献"的高水平高职院校为目标。到2024年,高质量完成高水平高职院校和林业技术、园林技术高水平专业群建设任务,资源整合和集团化办学深度推进,职业教育类型定位进一步优化,技能人才培养和社会培训成效显著,75%的毕业生进入本省就业,建成"生态特色、省内领先、行业一流"的高水平高职院校。学校成为:生态技术技能人才输出的先行军、林业职业教育科技创新的标杆校、湖北园林技术职业教育的领军者、荆楚职教服务乡村振兴的样板田、技术技能汇入美好生活的领跑者、生态文化传承创新示范的主阵地。到2030年,学校内涵指标达到全国同类院校先进水平,努力办成本科职业院校,成为全国林业高职院校特色发展的引领者,向全国贡献湖北特色、生态特点的职业教育发展模式。

第三节 校训、标识文化

岁月融入历史,精神凝就文化,69载的奋斗历程,塑造起"生态立校、以技强德"的文化精髓。

一、校训

(一)校训内容

我校的校训内容:"心修自然,强技养德"。

心修自然
强技养德

图 1.1　校训标准字样

(二)校训内涵

生态和谐是我校构建和谐校园的首要立足点,"心修自然"的出发点在于能够凸显我校在生态、园林、绿化等方面的优势,它蕴涵着尊重生命、敬畏自然的深层生态意识和生态智慧,意味着我们应在实践中融入运动不息的客观世界,回归与感悟自然,潜心修养,提升品格,提高人自身的精神境界并加以升华,使我们每个人能在对自然的审美过程中陶冶情操,让我们的心灵获得美的享受,走向和谐之境,形成互利共生的生态圈,与自然共舞!

"强技"即强化技艺、增强技能。办好职业技术教育应着重于扎实的技术和本领,把提高学生专业技术素质、社会实践能力作为实践性教学的重要任务。这应是高等职业技术教育的"立身之本",同时也是学生将来踏入社会之后扎根立足的资本。"养德"即提高自己的品德修养,养德不仅是一种十分有益的行为准则,更是全体师生可借鉴的优良传统,对学校而言,德为育人之本;对学子而言,德为成人之本,凸显出以德调心、以心养德的人文特色。"强技养德"它既能够反映出我校十分强调技能、重视思修的办学特色,也能够实现从自然领域向人文领域的跨越,达成生态与生命,也就是自然与人的和谐统一。它反映了我们力求培养技能实用型人才、陶冶师生内心修为的办学理念,从技能和德行两个层面对师生提出了具体要求。印证了以人为本、追求生态平衡的科学发展观,探寻着人与自然同生共运、浑然一体的至高境界。

我校作为生态职业院校,理应走绿色发展之路,促进生态系统的平衡和发展,使生态文明观念在全社会牢固树立。深刻把握人与自然、人与社会、人与人的关系,与自然和睦相处,同社会协调发展,推己及人,宽以待人。在新的时代条件下,"心修自然、强技养德",必然以它生生不息的活力鼓舞着我们开创新的历史,再造新的辉煌!

二、校徽标识

(一)校徽

校徽是学校徽章的简称,是一个学校的标志之一。

图 1.2　校徽标准版式

(二)校徽文化

图案以展翅翱翔的飞鸟和茁壮生长的绿叶以及冉冉上升的旭日组合造型,同时有机地融入字母"H"、汉字"工",整体还与昂扬向上的人形相似,结合外围绿色的地球,突出显著的生态工程学科特色以及学校极具时代感的品牌形象。

飞鸟、绿叶、地球、太阳与人有机交融、相辅相成,体现了人与自然和谐发展的生态内涵,极具活力的线条同时象征学校飞速的发展步伐和广阔的发展前景,彰显着学校新时期奋发进取、锐意创新的时代精神。

主导的人形呈昂扬向上激情跃动之势,突出学校人才济济、名师云集的雄厚师资力量以及多年来为社会培养出的众多优秀人才,体现出"以人为本"的实用型教育内涵。

翠绿的标准色象征蓬勃的生机和活力,富有鲜明的生态环境属性,同时也昭示着学校无限美好的明天。

(三)校庆日

学校将每年 11 月 10 日定为校庆日。

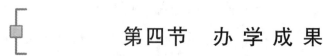

第四节　办学成果

学校开办有覆盖"生态文明、绿色发展"领域的专业 37 个,学校秉承"心修自然、强技养德"的校训,坚持"举生态旗、走绿色路、打林业牌、创特色校"的办学思路,对接现代林业产业和生态建设重大任务,服务生态文明、美丽中国和乡村振兴,致力于培养美丽事业的建设者,走出了一条依托行业的特色发展之路。

学校历经 69 年的发展建设,教育科研成果丰硕,主持或参与省部级以上教科研项目 300 余项,获得各类科技奖励 90 余项,其中国家科技进步一等奖 1 项、二等奖 2 项,省科技进步一等奖3项、二等奖4项、三等奖11项,出版学术专著和国家规划教材500余部,发表国内外学术论文1700余篇。

一、办学实绩

近几年来,学校发展迅速,人才培养质量不断提高,得到了政府、行业和社会的高度评价,学校先后荣获国家示范性职业教育集团(联盟)理事长单位、世界技能大赛突出贡献单位(44届、45届)、世界技能大赛中国集训基地、湖北省优质专科高职学校、国家级高技能人才培训基地、湖北省十大职业教育品牌建设单位、教育部"一省一策思政课"集体行动牵头学校、湖北省科技进步奖、科技推广奖获得单位(4项主持)、湖北省大学生创业示范基地(首批)、湖北省文明单位(学校)等国家级、省级奖励和荣誉,学校还是湖北省首批内部质量保证体系教学诊断与改进试点院校并通过的单位、湖北省高职院校首个民间工艺传承基地。

图1.3 学校荣获"2016年全国林业职业院校创新创业工作'先进集体'"荣誉

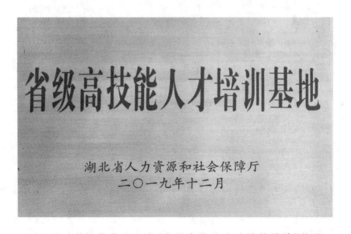

图1.4 学校荣获湖北省"省级高技能人才培养基地"荣誉

学校有一批能够服务林业产业转型升级和培养高素质技术技能人才的教师队伍。教育部产业导师资源库技术技能大师2人、国家林业和草原局教学名师1人、全国林草行业"最美林草科技推广员"1人、国家林业和草原局院校教材建设专家委员会委员3人、8名专家入选国家林业和草原局教材建设专家库。湖北省科技进步奖主持人2人、科技推广奖主持人2个,湖北省教学名师1人、湖北省风景园林行业领军人物1人,世界技能大赛、全国职业院校技能大赛

图 1.5　学校荣获湖北省总工会“湖北省产业工人培训‘示范基地’”称号

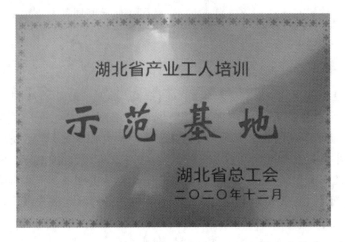

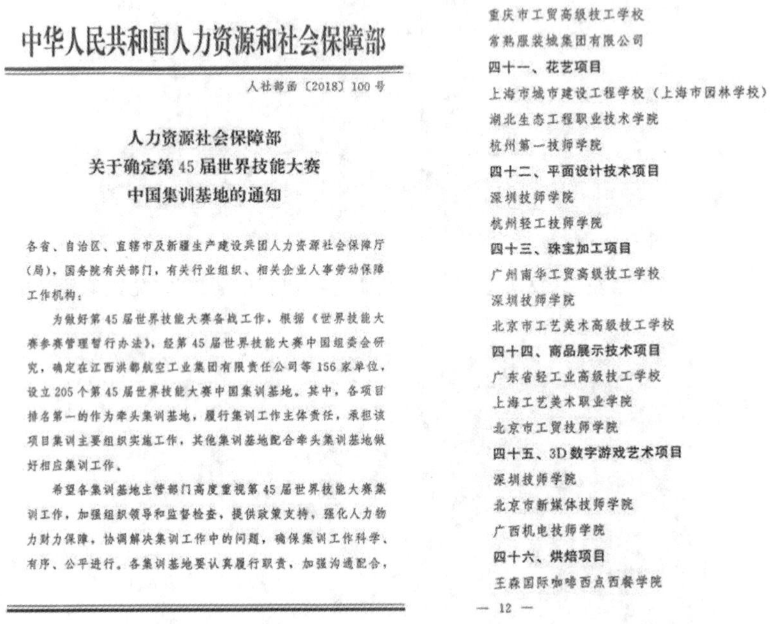

中华人民共和国人力资源和社会保障部

人社部函〔2018〕100 号

人力资源社会保障部
关于确定第 45 届世界技能大赛
中国集训基地的通知

各省、自治区、直辖市及新疆生产建设兵团人力资源社会保障厅（局），国务院有关部门，有关行业组织、相关企业人事劳动保障工作机构：

为做好第 45 届世界技能大赛备战工作，根据《世界技能大赛参赛管理暂行办法》，经第 45 届世界技能大赛中国组委会研究，确定在江西洪都航空工业集团有限责任公司等 156 家单位，设立 205 个第 45 届世界技能大赛中国集训基地。其中，各项目排名第一的作为牵头集训基地，履行集训工作主体责任，承担该项目集训主要组织实施工作，其他集训基地配合牵头集训基地做好相应集训工作。

希望各集训基地主管部门高度重视第 45 届世界技能大赛集训工作，加强组织领导和监督检查，提供政策支持，强化人力物力财力保障，协调解决集训工作中的问题，确保集训工作科学、有序、公平进行。各集训基地要认真履行职责，加强沟通配合，

重庆市工贸高级技工学校
常熟服装城集团有限公司
四十一、花艺项目
上海市城市建设工程学校（上海市园林学校）
湖北生态工程职业技术学院
杭州第一技师学院
四十二、平面设计技术项目
深圳技师学院
杭州轻工技师学院
四十三、珠宝加工项目
广州南华工贸高级技工学校
深圳技师学院
北京市工艺美术高级技工学校
四十四、商品展示技术项目
广东省轻工业高级技工学校
上海工艺美术职业学院
北京市工贸技师学院
四十五、3D 数字游戏艺术项目
深圳技师学院
北京市新媒体技师学院
广西机电技师学院
四十六、烘焙项目
王森国际咖啡西点西餐学院

— 12 —

图 1.6　学校荣获人力资源社会保障部“第 45 届世界技能大赛中国集训基地”称号

教练 16 人。

（一）以世界技能大赛突出贡献单位为标志，人才培养与办学水平得到新提升

学校是世界技能大赛突出贡献单位、世赛中国集训基地、湖北省技能人才培育突出贡献单位，9 名学生进入第 44、45 届世赛国家集训队，作为世赛花艺项目中国集训基地，连续两届共同培养了花艺项目金牌选手；5 个项目是第 46 届世赛湖北省集训基地。

学校的国赛成效显著，2019 年代表湖北省参赛获得国赛 4 个一等奖，成绩全省第一，全国并列第五。2020 年在国赛环保类项目上获一等奖，实现三连冠。在中国教育学会发布的

图 1.7　雷正玉教授等负责的教研项目获湖北省高等学校教学成果二等奖

"2020 年全国普通高校大学生竞赛排行榜(高职)"中,学校在湖北省排名第二位、全国第十位,"2016—2020 年全国普通高校大学生竞赛排行榜(高职)",全国排名第六十八位。

图 1.8　学校荣获 2019 年全国职业院校技能大赛"水环境监测与治理技术"赛项一等奖

图 1.9　学校在 2018 年、2020 年全国职业院校技能大赛中分别荣获团体一等奖、个人一等奖

学校近五年平均就业率 93.83%(受疫情影响,2020 届毕业生的就业率为 84.59%),远高于全省平均水平,基本实现了"湖北只要是有林业的地方,就有湖北生态工程职业技术学院培养的学生"。

学校按照"创新引领、生态培育"的理念,形成了"四个三"双创教育模式,取得了显著成效,获批全国林业职业院校创新创业工作先进集体,连续两届获评"湖北省大学生创业示范基地"。

五年来,学生累计获得职业技能大赛国家、省级以上奖项 325 项,全国林科十佳毕业生 15人,长江学子创新奖励 1 人。中央电视台新闻频道、新闻直播间、东方时空、新闻周刊等国家级媒体,先后对学校的技能人才培养进行了宣传报道。

图 1.10　中央电视台新闻频道多栏目全方位报道我校技能人才培养

（二）以国家示范性职业教育集团（联盟）为标志，校企合作产教融合实现新突破

学校牵头组建包括政产学研用的 73 家单位加盟的湖北省林业职教集团，成为行业人才培养、员工培训和职业技能鉴定、产学研结合、生产性实训基地建设、学生顶岗实习、人力资源信息共享、技术开发与服务等方面互利共赢的平台，学校担任理事长单位的湖北省林业职业教育集团被教育部认定为国家示范性职教集团。

（三）以国家级高技能人才培训基地为标志，培训为育训结合注入新动能

学校是人力与社会保障部、财政部授予的国家级高技能人才培训基地，是湖北省仅有三家入选单位之一；学校是教育部首批 1+X 证书制度试点；学校是湖北省总工会授予的湖北省产业工人培训示范基地；学校是挂牌成立的全省林业行业干部职工培训中心，是全国职业教育社会培训合作联盟副理事长单位。

（四）以湖北省优质高职学校为标志，内涵建设登上新台阶

学校 2019 年获批湖北省优质专科高职学校，8 个项目获批国家高等职业教育创新发展行动计划项目认定，其中，林业技术、园林技术、园艺技术、家具设计与制造、森林生态旅游与康养等 5 个专业为国家级骨干专业，花艺"双师"型教师培养培训基地、徐海清技能大师工作室和木工设备应用技术校企共建生产性实训基地分别获得教育部认定。

（五）以牵头教育部"一省一策思政课"集体行动为标志，大学生思想政治教育开辟新局面

学校开展"三改一提"改革创新工作，在湖北省高职院校较早开展思想政治工作体系改革，落实了三全育人有关要求。贯彻落实习近平新时代中国特色社会主义思想"三进"工作，在全国率先开设"绿色中国"生态文明教育公共必修课，并入选教育部"一省一策思政课"集体行动牵头学校，参与新时代中国思政课选择性必修课程体系建设项目，是全国 5 所牵头职业院校之一。

（六）以获得 4 项湖北省科技成果奖励为标志，科研及社会服务进入新里程

学校近几年发表论文 958 篇，居全省高职院校第十七位；参与行业和国家标准制定工作，是全省仅有 2 所高职院校之一；16 项科技成果通过鉴定，数量居全省高职院校第二名、全国林业类高职院校第一名；全省高职院校以第一完成单位共获得 6 项湖北省科技成果奖，我校获 4 项，排第一。宋丛文教授团队与麻城市、武穴市合作建立院士专家工作站，获评湖北省优秀院士专家工作站。学校参与建设林下经济湖北省工程研究中心，成为全省唯一高职院校。学校获得湖北省风景园林行业"教育科研卓越成就奖"。学校组织编写"十三五"国家职业教育规划教材 4 本，数量在全国职业院校中并列第二十三位，省内位居第八位。

图 1.11　学校肖创伟教授主持的科研项目荣获 2017 年湖北省科技进步三等奖

图 1.12　学校白涛教授主持的科研项目荣获 2020 年湖北省科技进步三等奖

(七)以连续 6 年蝉联湖北省文明单位(学校)为标志,学校治理水平达到新高度

在湖北省高职院校中较早核准发布章程;建立了质量年报制度,连续 8 年发布人才培养质量报告且没有负面行为被通报;健全了内部控制制度,加强风险防控,形成了有效监控、考核评价与监督体系。学校是全省首批 8 所内部质量保证体系教学诊断与改进试点院校并通过省级抽样复核,"党建引领"成为教学诊断与改进的特色,在全国进行了交流,为湖北省职业院校教学诊断与改进工作树立了标杆;获批湖北省首批生态园林式学校、湖北省直机关五四红旗团委;党建作品获得湖北省"书记好党课"二等奖、三等奖各 1 项,获得全省第十八届党员教育电视片优秀奖;1 人获得民主促进会中央表彰的先进个人,1 人获得"全省巾帼建功标兵"表彰。

(八)以湖北省高职院校首个民间工艺传承基地为标志,学校文化传承实施了新举措

学校与湖北省非物质文化遗产代表性传承人、工艺美术师、民间工艺技能传承大师徐海清合作,建设湖北省高职院校首个民间工艺传承基地,进行非物质文化传承,获得全省校园文化建设优秀成果二等奖。指导学生学习烙画、竹雕、泥塑、木雕等传统艺术,成为获得武汉市"黄鹤杯"产品创新设计金奖的唯一职业院校。学校是"全国林业科普基地"。

学校每年举办中华传统文化宣教活动,成人礼成为固定品牌,荣获"全国职业教育周中华礼仪展演"一等奖。成立湖北省陆羽茶文化研究会高校研究会,是全省高职院校唯一一家传承

茶艺与茶文化的研究机构。

二、办学特色

(一)围绕"美丽事业"打造专业建设特色

秉持"围绕美丽事业,做好生态文章"的理念,建设了体现林业行业特色和优势的"五美"专业群,围绕"山水风光美"打造林业技术专业群,围绕"城乡环境美"打造园林技术专业群,围绕"居室艺术美"打造建筑室内设计专业群,围绕"科技现代美"打造林业智造专业群,围绕"休闲生活美"打造茶艺与茶文化专业群。

(二)推进"模式创新"强化人才培养特色

将"人文素养、专业素养、劳动素养、健康素养"教育融入立德树人的全过程;建立了四级技能竞赛机制,实现了技能大赛专业全覆盖、学生全参与,做到了与世界技能大赛规则项目的对接,与全国技能大赛的对接,与行业企业的需求对接。花艺项目是第44届、45届世赛中国集训基地,家具制作、木工、园艺、花艺等4个项目是第45届世赛湖北省集训基地,5个项目是第46届世赛湖北省集训基地,是湖北省拥有集训基地和入选选手最多且取得成绩最好的学校。

(三)高举"生态大旗"彰显生态文化特色

在办学理念上,坚持以生为本、以教学为中心,走林业行业特色发展之路;秉持"心修自然、强技养德"校训;从2014年起,在全国率先实行了生态文明教育进课堂,在全省树起了一面旗帜——"绿色中国"生态文明教育公共必修课,唱响湖北、走向全国;大力传播生态文明理念,连续6年承办由省绿化委、省教育厅、省林业局、共青团省委主办的"传播绿色文化·共建生态校园"活动,在省内100多所中学宣讲生态文明,进行园林化校园设计,提供资料、苗木、技术等,支持有关学校开展生态校园建设,发挥了社会服务职能。

> 导读

桃李满荆楚 积淀促腾飞

时代传奇缘于世纪时光,万物玄妙出于高天厚地。志成为有,在于穿越时空的信念之光。

湖北生态工程职业技术学院,地处中部崛起支点武汉的南部花山。学院历经近七十年的风雨砥砺,几代人坚守生态,辛勤耕耘,为绿色湖北倾心奉献,成为荆楚大地上一支生态文明建设的支撑中坚,赢得了湖北"绿色摇篮""林业黄埔"的美誉。

江山无限,岁月有情。1952年7月创办的省立黄冈农业学校是湖北生态工程职业技术学院的历史之源。2004年4月,更名为湖北生态工程职业技术学院,成为湖北省唯一的生态林业类高等职业技术学院。

在六十九年的办学史上,几经坎坷,历尽艰辛。六十九载的砥砺与沉积,时光的年轮记录下了生态学院辉煌的印记。从无到有,从小到大,由弱到强,风雨兼程,逐步壮大,由最初租房办学,仅有16名教员151名学生的农艺、森林专业,发展到教职工658人,学生12000多人,拥有34个高职专业,逐步建设成为专业机构健全、人员素质较高、队伍结构合理、基础设施完善、科教手段先进、创新能力较强、科研成果突出、发展后劲较强的综合学校。

盛世兴林,惠泽荆楚。建院69年来,先后有6万多名英才从这里走出奔向五湖四海、茫茫九州。汗水淌过,泪水流过,苦水泡过,即使是苦难也平滑无痕;鲜花开过,掌声响过,歌声飘过,即使是荣誉也沉默无语。

桃李满荆楚,积淀促腾飞。薪火相传的生态学院人站在新的历史起点,承载新使命,正在向新的高峰冲刺。

第二章 校史

第一节 办学重要时期

　　湖北生态工程职业技术学院的前身为湖北省林业学校,创建于1952年秋。六十九年来,经过了初创期、动荡转折期、中专发展期、高职教育初创发展期等多个重要历史时期,先后设置了林业、森工、森保、经济林、园林技术、会计、室内设计、森林生态旅游、物流管理等三十多个专业,为国家培养了大、中专毕业生6万多人;举办了各类林业干部职工培训班,培训学员10万余人次。

一、初创期(1952年—1953年)

　　新中国成立后,我党把农业放在了非常突出的位置。当时,我国农业生产力水平落后,科技含量低,粮食产量不高,农业技术人员严重缺乏,培养大批农业技术人员满足农业生产的需要是当务之急。为此,1952年7月,经湖北省人民政府批准,成立了"湖北省黄冈农业学校",即学院的源头,是一所省属地管的中等专业学校,校址在黄冈市(原黄冈县黄州镇)。同年秋季正式面向社会招收新生151人,开办农艺、森林两个专业,学制三年。

　　学校初创,异常艰辛,师资奇缺,教职工仅16人,教材匮乏,设备简陋,租房上课。1953年,随着国民经济建设第一个五年计划的实施,为了适应全省林业生产建设的需要,培养林业技术人才,继全国农林院校调整之后,省政府将"湖北省黄冈农业学校"易名为"湖北省黄冈林业学校",成立了林校第一个党小组。从此,湖北省独立开创了林业职业专门学校,揭开了全省林业教育史册上新的一页。

二、动荡转折期(1954年—1979年)

　　1954年,为了加强对全国林业院校的领导和管理,林业部将"湖北省黄冈林业学校"列为部属中专,1955年元月正式冠名为"林业部黄冈林业学校"。

　　嗣后,学校几经易名,几度搬迁。1956年秋,学校复归为省属。湖北省林业厅为了便于对学校的领导和管理,同年底,学校由黄州镇迁至武昌卓刀泉,改校名为"湖北省武昌林业学校"。1958年,在"大跃进"的形势下,"湖北省武昌林业学校"升格为"湖北林业专科学校",大中专并存,武昌九峰林场、卓刀泉林场和省林干校相继并入湖北高等林业专科学校。

　　当时,学校设有大专部、中专部、函授部、干训部,在校生900余人,教职工增加到200人。

黄冈农业学校于1952年7月在黄冈东门外红砂咀成立，图为首届中级班学员1953年在教学楼前合影留念

图 2.1　黄冈农业学校首届中级班学员合影

1955年元月正式冠名为"林业部黄冈林业学校"

图 2.2　林业部黄冈林业学校毕业生合影

这一时期,学校具有一定规模,秩序井然。1960年,由于"左"的路线干扰,加之自然灾害的影响,湖北省人民政府和省林业厅决定"湖北高等林业专科学校"下迁。当时选定在荆门、当阳两县接壤的漳河水库建校。1961年国家实行"调整、巩固、充实、提高"的政策方针后,于同年7月漳河基地下马,随后学校由武汉市改迁江陵县荆州古城西门外,接收原湖北工学院中专部的校舍进行办学。

1962年夏,湖北高等林业专科学校在调整中奉命停办,百余名教职工,尤其是数年形成的一支阵容整齐的师资队伍被迫调离学校,人才严重流失,学校元气大伤。1963年秋,学校复办,招收中专新生98人,同年12月,成立湖北高等林业专科学校党委。1964年5月,省林业厅下文,将名存实虚的"湖北高等林业专科学校"正名为"湖北省林业学校",该校名沿袭至2002年。

"文化大革命"开始至1974年,学校基本处于停办状态。这期间,学校教学、生活设施破坏严重,实验仪器损坏过半,图书资料大量遗失,校舍被占用。

图 2.3 "湖北省黄冈林业学校"毕业证

图 2.4 1959 届毕业生合影

1974 年秋,湖北省林业学校第二次复办。1975 年教育战线推行极"左"路线,学校学习朝阳农学院经验,在省太子山林场管理局建立"湖北省林业学校太子山分部"。1976 年底,学校本部由荆州迁至武汉市原武昌县(今为江夏区)纸坊镇,即现今校址。

1977 年,国家恢复高考招生制度后,根据林业工作的性质和特点,湖北省林业学校的招生对象为高中毕业生,学制两年。

党的十一届三中全会后,湖北省林业学校才得以复苏。

1979 年,学校撤销了"太子山分部",并于 1978 年至 1981 年开办了一届大专班。学校在边建设、边恢复、边整顿的基础上发展、前进。

三、中专发展期(1979 年—2001 年)

21 世纪 80 年代以后,在省林业厅领导的重视下,学校积极贯彻国家教育精神,工作逐步转移到以教学为中心的轨道上来,修葺校舍,扩充教学设备和生活设施,改善办学条件,抓师资队伍建设,提高教学质量。这一时期,学校办学经费充裕,面貌逐年改观。

1987年,学校被省教委列为省重点中专之一;
1991年被省教委评为"省普通中专学校办学条件合格学校";
1992年被省教委授予"省普通中等专业学校办学水平合格学校";
1995年被省教委授予"省普通中等专业学校专业质量合格学校";
1997年被授予"办学水平评估A级学校";
1999年被授予"省部级重点中专";
2001年被教育部授予"国家级重点中专"。

这一时期,学校生源充足,教师乐于奉献,机构设置稳定,教学设施适应现代化教学需要,图书馆藏书丰富,教科研成果突出,为后来升格为高职院校打下了坚实的基础。

四、高职教育发展期(2002年至今)

2002年7月15日,经湖北省人民政府批准将湖北省生物科技学校、湖北省农业干部学校和湖北省林业学校合并组建湖北生物生态职业技术学院,分江夏校区和南湖校区。湖北省林业学校属湖北生物生态职业技术学院江夏校区,至此学校升格为一所全日制普通高等职业学院。

图2.5 湖北生物生态职业技术学院(江夏校区)大门

2004年4月29日,湖北省人民政府鄂政函【2004】72号文批准同意学校与南湖校区分设,在湖北生物生态工程职业技术学院江夏校区基础上设立湖北生态工程职业技术学院,属高等专科层次的学校,可继续承担中等专业教育任务。同时,撤销湖北生物生态职业技术学院和湖北省林业学校建制。

湖北生态工程职业技术学院是湖北省唯一的生态类高等职业技术学院,直属湖北省林业厅领导,教育教学业务受湖北省教育厅指导与管理。

2008年12月,教育部高职高专人才培养工作水平评估专家对学校进行办学评估。2009年12月7日,省教育厅授予学院为"高职高专院校人才培养工作水平评估合格院校"。

图 2.6　湖北生态工程职业技术学院大门

第二节　历史沿革与发展

湖北生态工程职业技术学院起源于湖北省黄冈农业学校,自创办以来,几经坎坷,历尽艰辛,更改校名 8 次,隶属关系变动 5 次,新建校舍 6 处,迁移校址 4 地,其间停办 1 年,"文化大革命"期间停止招生达 8 年之久。

历经近七十年的风雨兼程,"生态人"迎难而上,勇于斗争,紧抓历史机遇,秉承"心修自然,强技养德"的精神传承,在每个历史时期都作出了巨大贡献,从中专到大学,从单一的林业学科到理、工、文相结合多学科相互渗透的专业群设置,牢记使命、不懈努力、负重前行,一步步走向了辉煌的今天。

一、黄冈时期（1952—1956 年）

（一）湖北省黄冈农业学校

1952 年秋,在黄冈专署所在地的原黄冈县黄州镇,成立了湖北省黄冈农业学校,隶属湖北省林业厅、教育厅领导。学校设教导处,配有主任 1 人。办学之初无总务处,暂由 1 名教员兼理事务。全校教职工(含兼任校长)17 人,其中专任教员 6 人,行政职员 5 人。教职工中,除兼任校长外,无一中共党员,学生中只有一个青年团小组。

湖北省黄冈农业学校于 1952 年 6 月开始筹建,暑假即开始招收新生 150 人,实到 151 人。其中,中级班两个班 101 人,设农艺、森林两科,招收初中毕业生;初级班 1 个班 50 人,招收高小毕业生及由各县报送报考的部分农村知识青年积极分子。学制均为 3 年,此届招收的学生主要来源于黄冈地区所属各县。由于筹建时间仓促,当年 7 月始建校舍,新生入校后,临时租借黄州镇阮家凉亭偏街的几间民房使用,以致推迟到 10 月 3 日开学,4 日正式上课。

草创之初,学校缺师资、缺教材、缺课桌,白天露天上课,晚上打地铺就宿,条件十分艰苦。

同年寒假前夕,新校舍部分抢建落成,即由阮家凉亭迁至黄州镇东门外2千米处的桐岗乡红砂嘴新校址。

(二)湖北省黄冈林业学校

1953年,湖北省人民政府按农业部、林业部、高等教育部(53)技曾字71号函:"湖北省以原黄冈农业学校为基础,设立湖北省黄冈林业学校"。将原农校设置的农艺、森林两科转为造林专业班。

学校改属省农林厅林业局、黄冈专署双重领导。湖北省黄冈林业学校是新中国第一批独立创办的20所面向全省招生和分配的中等林业学校之一,是培养具有中等林业技术人才的一所省属中专学校。从此,中等林业教育独立设校,在湖北教育史册上增添了新的一页,填补了本省历史空白。

1953年秋,学校招收新生111人,开设造林专业两个班,修业3年。在校生达262人,教职员工由17人增到38人,其中教员19人,行政人员11人,工人8人。这时,学校已有中共党员2人,在校成立了第一个党小组,属黄冈地区试验农场党支部。

1954年学校进行了改编,实行校务委员会领导下的校长负责制,下设学校办公室和教务、总务、伙食等管理股。教学按学科成立了文政体、化植土壤、数理测量、造林等4个学科委员会,建有2个实验室。此时教职工增加到42人,其中教员20人,党员由原来2人发展到25人(教职员18人,学生7人),正式成立中共湖北黄冈林业学校支部委员会,大大加强了学校的思想政治工作,推进了教学改革的发展。

(三)林业部黄冈林业学校

为加强对全国独立建校的20所中等林业学校的统一领导和管理,林业部于1954年下半年,接收湖北省黄冈林业学校为部属中专,1955年元月正式将"湖北省黄冈林业学校"更名为"林业部黄冈林业学校",属林业部直接领导,省、地两级代管。

同时,林业部黄冈林业学校首届毕业生123人分赴工作岗位,充实了本省各级林业系统的力量。同年秋,招收新生123人,分设造林专业两个班,开始增设森林经营专业1个班。学校共设有5个班,在校学生219人。

1956年,学校教学秩序井然,工作稳步推进。在校学生达366人,教职工有69人,其中教员32人,教学辅导人员3人,行政人员22人,工人12人,开始正式使用林业部推荐的中等林校试用教材。

学校在黄冈的短短4年时间内,学校师生员工步调一致,同心协力,开辟校园,艰苦创业,使学校初具规模。学校占地面积25.4hm^2,其中山林面积18.7hm^2,苗圃面积2.7hm^2。校舍建筑面积3120m^2,运动场地9600m^2。

为适应教学改革需要,努力提高教学质量,切实解决实验、实习手段,在学校处于初建和资金不足的困难情况下,教职员工勤俭办校,住集体茅舍,挤出部分经费,添置了部分教学急需的仪器设备,理化仪器已达到要求的8套,显微镜可满足一个班实验之用。还备有匈牙利新式经纬仪3架、立体显微镜2台,以及东德造新式生长锥和土钻等,并由师生自己制作种子标本100多种,添购图书资料5000余册,基本可供当时教学之用。

这个时期,学校为本省输送了两届中等林业专业毕业生209人。受省农林厅林业局委托,开办短期林业训练班2期,培训林业干部100余人。

二、武昌卓刀泉时期(1957—1961年)

(一)湖北省武昌林业学校

1956年秋后,林业部黄冈林业学校由部属下放,复归湖北省领导。同年12月,学校由黄州镇迁至武汉市武昌卓刀泉,改名为"湖北省武昌林业学校"。校址前临南湖,后傍东湖,坐落在元宝、上公两山南坡,同华中师范学院毗邻,环境清静幽雅。

1957年,因新迁武昌,未招新生,在校学生仍保持360余人,教职员工71人,其中教员30人,教辅人员4人,行政人员20人,工人17人。

(二)湖北高等林业专科学校

1958年,随着形势的发展,"湖北省武昌林业学校"于9月升格为"湖北高等林业专科学校"。

学校在武昌卓刀泉办学期间,为本省输送林业中专毕业生511人,大专毕业生113人,培训林业职工、干部502人。这个时期,学校占地面积1933 hm^2,其中山林面积为157.7 hm^2,苗圃面积为5.3 hm^2。校舍建筑面积9700m^2,运动场地7200m^2。

三、荆州江陵时期(1962—1976年)

(一)湖北高等林业专科学校

1961年秋,学校由武昌卓刀泉迁至荆州江陵,当时正处于国民经济调整时期,学校于1962年暑假前停办。当时,教职员工仅留守40人,其他百余名教职工下放,调离学校,致使学校元气大伤。

1963年,随着国民经济的好转,当年秋季复办中专,招收中专新生89人,学制3年。同年12月,成立"中共湖北林业专科学校委员会"。这是建校以来的第一届党委。

(二)湖北省林业学校

1964年5月,湖北省林业厅正式将"湖北林业专科学校"改为"湖北省林业学校",属林业厅、荆州地委双重领导。

1963年6月5日颁发了《教育部关于制定全日制中等专业学校教学计划的规定(草案)》。其中指出中等专业学校学生的培养目标是:"具有爱国主义和国际主义精神,具有共产主义道德品质,拥护共产党的领导,拥护社会主义,愿意为社会主义事业服务,为人民服务;逐步培养学生的工人阶级的阶级观点、劳动观点、群众观点、辩证唯物主义观点。具有相当高中程度和中等专业人才所必要的文化基础知识,掌握本专业的基础理论、专业知识和实际技能,获得从事本专业工作,解决实际问题的初步能力。工科、农科、林科专业要求学校具有组织管理生产的初步知识,具有健康的体质。"学校复办后,本着这一培养目标,认真组织教学,理论联系实际,教学工作比较正常、健康地向前发展。

到1966年,学校保持林业专业8个班,在校学生362人,教职员工74人。

1966年"文化大革命"开始,从1966年至1973年,湖北省林业学校停止招生达8年之久。

学校复办时,校舍被燃化部第四石油机械厂占用,经湖北省政府协调,将学校在江陵的房地全部移交给第四石油机械厂使用,由该厂按同等校舍面积、同等质量为湖北省林业学校选购土地建校。几经磋商后,选定在武汉市纸坊镇青龙山林场花山分场新建校舍。1976年12月,湖北省林业学校迁至纸坊镇。

1974年学校复办至1976年搬迁期间,曾在湖北省林业局京山县太子山林管局另建了湖北省林业学校太子山分部。1976年,分部设两个班80人,此时本部和分部在校学生共318人。营林专业5个班109人,森林调查设计1个班70人(由湖北省林业勘测设计大队主办),学制均为2年。

江陵时期,学校有教职员工62人,其中教师24人,行政人员24人,教辅人员2人,工勤人员12人。为本省输送中等林业技术人员756人;由武昌湖北林专随迁的大专毕业生153人,培训林业职工(干部)520人。

这个时期,学校占地面积350.7 hm^2,其中山林面积325.2 hm^2,苗圃面积8 hm^2。校舍建筑面积9369m^2,运动场地5600m^2。

四、武昌纸坊时期(1976年至今)

(一)湖北省林业学校

1976年12月,湖北省林业学校由荆州江陵迁至武汉纸坊。校址位于国营青龙山林场花山分场。学校直属湖北省林业局领导。

党的十一届三中全会以后,学校拨乱反正,正本清源,认真贯彻德、智、体全面发展的教学方针,狠抓恢复整顿,积极改善办学条件。1977年恢复考试招生制度,招收高中毕业生200人,学制2年。这年学校设置营林、森林保护两个专业,在校学生398人。教职员工52人,其中教师29人,行政人员18人,教辅人员3人,工期人员2人。1978年夏,改2年制为3年制。

1979年元月19日,撤销了湖北省林业学校太子山分部,同年2月20日,太子山分部全部房屋及其不动产移交湖北省太子山林业管理局。

1980年以来,湖北省林业教育进入了一个恢复振兴时期。学校认真落实知识分子政策,发展教师党员16人,其中在林校执教30年以上的具有教授或相当职称的教师占31.2%。

与此同时,学校针对形势发展要求及有助于教学工作的推进,在师生员工中开展文明礼貌月活动、"五讲""四美""三热爱"活动、文娱体育卫生活动和植树造林、绿化美化校园活动。从1980年至1985年,学校取得一系列荣誉:中共湖北省直属机关委员会授予"五讲四美三热爱"活动先进集体,原武昌县爱国卫生运动委员会授予"爱国卫生、食品卫生工作先进单位"。1984年被原武昌县绿化委员会授予"绿化先进单位"。1985年获湖北省林业局直属单位国庆歌咏比赛一等奖等。

这几年,学校的工作重心转移到以教学为中心的轨道上来,教学、科研、生产三结合,教学除按教学计划、大纲,加强基础理论教学外,还根据部颁教学计划,恢复了生产学习。

1978年由学校出资,建立崇阳县桂花林场实习基地。

学校于1984年建立了一个微机室,教学仪器总价值50余万元,校图书馆藏书8万余册,科技情报资料室收藏中、外资料4万余份。学校通过恢复整顿,调整改革,修葺校舍,调配师资,扩充设备,为改善办学条件,打下了一定基础。学校共开设3个专业,计13个班级,其中职工中专33个班、代培1个班,均为修业3年。在校学生558人,教职员工总计167人。教师中副教授3人,讲师13人,工程师9人,助理工程师4人,教员39人。

学校通过了机构改革和人事调整,实行党委领导下的校长责任制。学校还设立了纪律检查委员会,并成立了全校性的科学技术委员会。

1993年,国家对中专学校招生政策发生改变,学校开始招初中毕业生。为了学校的生存和发展,学校采取林业行业管理干部短期培训和合作办学的形式开始开放办学。1997年在学校成立了南京林业大学湖北函授站,并开始林业类专科函授生的招生。

这个时期,学校继续发扬自力更生、艰苦奋斗的精神,不断完善专业结构和体系,不断改善办学条件,学校先后于1992年被湖北省教育委员会授予"省普通中等专业学校办学水平合格学校"、1997年被授予"办学水平评估A级学校"、1999年被授予"省部级重点中专"、2001年被教育部授予"国家级重点中专"。

学校从1974年复办至2002年止,为湖北省输送中专毕业生2782人,输送大专毕业生51人,培训林业职工(干部)约1400人。

(二)湖北生物生态工程职业技术学院

随着高等职业教育的发展,根据《普通高等学校设置暂行条例》和《关于高等职业学校设置问题的几点意见》等文件精神,20世纪90年代后期,湖北省内外相继建立了一批高职院校。与此同时,湖北省林业厅领导高度重视,要求学校抢抓机遇,精心组织,认真准备,确保申办成功。经过一年多的筹备,2002年7月,经湖北省人民政府批准,湖北省林业学校与湖北省水产学校、湖北农业干部学校联合组建湖北生物生态职业技术学院,并在学校基础上成立湖北生物生态职业技术学院(江夏校区),同时保留中专部。

由于三所合并的学校分属于湖北省林业厅和湖北省农业厅管理,行政及业务关系复杂,经过申请和考察论证,于2004年4月29日,湖北省人民政府批复同意学校与南湖校区分开单设,并在学校的基础上建立湖北生态工程职业技术学院,属高等专科层次的学校,可继续承担中等专业教育任务,撤销湖北生物生态职业技术学院和湖北省林业学校建制。湖北生态工程职业技术学院正式成立,直属湖北省林业厅领导,教育教学业务受湖北省教育厅指导与管理。

(三)湖北生态工程职业技术学院

湖北生态工程职业技术学院成立后,组织机构进行了调整,设有园林与生物学部、管理与工程学部和公共课部等三个学部。

学院紧紧围绕培养高素质应用型人才这个中心,不断深化学院教育教学、内部管理体制、人事分配、后勤社会化四项改革,形成以园林、生态和环境为主体的专业及课程体系。学院先后成立了教学工作委员会、学术委员会、专业技术职务任职资格评审委员会、大学生文化素质教育指导委员会。

从2004年至2006年,学院实行三年制高职、中职和五年一贯制高职教育,同时还与北京林业大学、南京林业大学、华中师范大学等高校联合举办研究生、本科、专科学历学位继续教育,已逐步形成以高等职业技术教育为主,高职、中职、成人继续教育协调发展的多层次、多形式的办学格局。

2004年,学院抓住机遇,迎难而上,共招收各类新生564人,其中:全日制大专生463人(三年制高职生341人、五年一贯制高职生122人);外省182人、本省281人、函授本专科生101人。

2005年,学院招生工作取得历史性突破,共招收新生1158人,是学院首次突破千人招生人数,其中全日制普通大专生1046人、在职研究生48人、成教本专科生64人。与以往相比,学院抓住招生录取方式改革的重大机遇,变过去省内为主为省内省外并举,使生源省市达到

26个。在稳定原有专业的基础上,新申办了机电一体化、商贸英语、市场营销等热门专业,大大提高了新生报到率。

2006年学院共录取新生1398,实际到校1225人,报到率81％。报到率在全省同类学校中居中上水平。2006年,学院投资800多万元新建建筑面积7800m^2的学生公寓1栋;投资200多万元新建了计算机房、数字化图书馆,并对校园网、电、水进行了升级改造。

2007年4月,学院启动了高等职业院校人才培养工作水平评估工作。学院党政领导经过深入调查研究,号召全院师生要充满战胜困难的信心和决心,变机遇与挑战为学院发展的巨大动力。学院不断加强招生工作力度,在湖北省林业局领导的密切关注和全院师生的大力支持下,2007年的生源高考成绩大幅提高,填报率和报到率创历史新高,录取率达到2.6∶1,从而使学院在校生规模由2003年的不到800人,到2007年猛增至3600余人,且报到率达到了93％,实现了学院在校生规模的一次大跨越。

2007年10月,以教学和科研机构为重点,学院共设职能管理机构10个,教学辅助机构6个,教学和科研机构10个。同时,以专业为主要划分依据,将原有的三个学部细分为五系一部:生态工程系、园林工程系、信息工程系、管理工程系、环境艺术系及公共课部,成立了10个教研室,进一步理顺和健全了院系两级管理中的责任区划和运行机制。

学院在加大校园文化硬件设施的投入、改善文化设施建设的基础上,努力加强文化软件建设,2007年完成校训"心修自然,强技养德"的提炼和校徽标识征集工作,充分利用报刊、宣传栏、网站以及各种生动活泼的学生活动,努力营造浓厚的学术文化氛围和良好的育人环境,不断提高师生文明素质和校园文化品位。

同时,学院抢抓学院基础建设、校园环境改造、教学仪器设备和图书的购置。当年建成了7896m^2学生宿舍一栋,学生食堂一个,多媒体教室8个,多功能语音室一个,420m^2的自动化温室一个;完成了主干道路扩建工程,后山广场的绿化工程、道路改造及大型樟树移植工程,绿化、美化了校园环境,提高了教学环境质量。

2007年,学院共有在校学生3614人,教职工总数262人,具有教授和高级职称人员26人,中级职称50人。

2008年,学院又提出从外延式的扩大办学规模向内涵式提高办学质量和效益的转变,学科式教学体系向技能型服务转变,粗放式的经营管理向节约型的管理转变的规划目标,新制订和修订制度100多项,促进了学院各项管理步入"制度化、规范化、科学化、程序化"轨道。完成近2000m^2的校内苗圃生产性实训基地建设,新增19个校外实验实训基地。

2008年4月,通过办学思想大讨论活动,明确了学院办学指导思想,理清了办学思路,凝练了办学特色。通过对学院56年来的办学历史和办学特色进行了认真的总结和梳理,进一步对学院的办学定位、办学层次、学科专业建设、人才培养目标、服务面向等进行了准确定位。根据学院特有的行业特点,依托学院多年的办学积淀,提出了"立足生态,服务社会;立足湖北,面向全国"的服务面向和"以育人为根本,以质量促发展,以特色铸品牌"的办学思路,学院的发展目标更加明确,发展规划更加科学合理,教学中心地位进一步巩固。

2008年秋季实际录取新生超过1800人,93％的报到率再创新高。同年,学校确定了2个院级改革试点专业,3门院级精品课程,1个院级优秀教学团队,并申报省级实验实训基地1个。

2008年12月,教育部高职高专人才培养工作水平评估专家对学校进行办学评估。

2009年,学院确定了以园林技术、森林生态旅游、室内设计技术专业为重点,特别是加大了对林业技术类专业群的建设,采取各种手段和措施发展林业传统特色专业,构成为生态建设培养人才的专业特色,真正践行为湖北省的生态建设培养高技能型人才的工作目标。学院以提升人才培养质量为核心,以深化教学改革为重点,从专业建设、课程改革、实践教学、人才培养模式、教学团队五大方面,全力推进学院内涵建设。

2009年学院教学质量工程建设项目取得了全面突破。学院"园林规划设计"课程被批准为2009年度省级精品课程;园林技术专业被省教育厅批准为2009年度省级教学改革试点专业;园林技术专业实训基地被批准为2009年度省级高等职业教育实训基地建设项目。根据高等职业教育的特点,学院积极开展多种形式办学,拓宽办学渠道。经湖北省劳动和社会保障厅批准,学院成立了"行业特有工种职业技能鉴定站"及"普通工种职业技能鉴定站",可提供学院26个专业的33个工种的考证鉴定。实施"双证"教育制度,进一步强化实践教学环节,促进教学内容与职业岗位的要求相适应,把握实验、实训、实习三个关键环节,推行融"教、学、做"为一体的实践教学体系,强化了职业能力的养成和职业综合素质的提高,实现了理论教学与职业岗位能力训练的有机结合,进一步增强了毕业生的就业竞争力。

2009年12月7日,湖北省教育厅授予学院为"高职高专院校人才培养工作水平评估合格院校"。

学院秉承优良的办学传统,不断提高办学实力,人才培养质量显著提高,培养的人才整体素质高,适应社会需要,得到社会广泛认可,深受广大考生青睐。

2009年学院录取人数2040人,到校1907人,报到率93.4%;

2010年学院录取人数2435人,到校2161人,报到率88%;

2011年学院录取人数2752人,到校2570人,报到率93%。

学院当时有实验(训)室、实习场所及附属用房面积为38000m^2,拥有69个校内实验(训)室、综合实习实训基地,同时投入大量资金建立了稳定的校外实践教学基地74个。学院共获得省部级以上教学改革与质量提高工程项目25个,主要有国家级实验实训基地1个、2个省级实验实训基地、楚天技能名师4个、省级精品课程3门、青年教师深入企业实践行动计划项目共7个、省级教学改革试点专业2个、省级战略性新兴(支柱)产业人才培养计划项目1个,以及中央财政支持重点专业建设项目2个。学院教学改革与质量提高工程项目已覆盖到了省级教学改革与质量提高工程项目的各个方面,形成了体系健全、特色突出、规划全面的教学改革体系。

2012年以来,特别是在党的十八大之后,高等职业教育的春天到来,学校的发展建设进入了快车道,招生人数和在校生规模年年创新高,学校校园建设和师生的生活学习条件得到极大的改善,教学质量、学生就业在同类学校中名列前茅,学校办学特色越来越突出,获得了上级主管部门和社会的好评。

学校现有校舍建筑面积300000m^2,固定资产近4亿元,教学仪器设备总值近1亿元,图书馆藏书67万册。全日制在校生12000余人。

学校现有生态环境学院、园林建工学院、艺术设计学院、信息机电学院、旅游管理学院、中职教育学院、马克思主义学院、通识教育部、继续教育学院等8院1部,开设了林业技术、园艺技术、测绘地理信息技术、风景园林设计、建筑工程技术、艺术教育、计算机应用技术、木工智能装备应用技术、工业机器人技术、森林生态旅游与康养、电子商务、酒店管理与数字化运营、现代物流管理等30余个专业。其中,国家骨干专业5个,国家级校企共建生产性实训基地1个,国家级教师培养培训基地1个,国家级技能大师工作室1个,全国职业院校林草类重点专业1个,湖北省林业职业教育品牌专业3个,省级品牌专业2个,省级特色专业4个,"楚天技能名师"设岗专业16个,湖北名师工作室1个,湖北省职业教育技能名师工作室2个。

近几年,学校教科研成果丰硕,主持或参与省部级以上教科研项目300余项,获得各类科技奖励90余项,其中国家科技进步一等奖1项、二等奖2项,省科技进步一等奖3项、二等奖4项、三等奖11项,出版学术专著和国家规划教材500余部,发表国内外学术论文1700余篇。

学院走过了在困难中办学,在抢抓机遇中发展,在改革创新中前进,在拼搏奋斗中崛起的艰难曲折而又充满探索精神的办学道路。经过近七十年的办学实践和历史积淀,逐渐确立了学院的办学理念、办学思路和学院的总体发展目标:以服务区域经济和生态文明建设为己任,坚持党建引领,聚焦双高目标,深化三教改革,把握四项关键,强化五育并举,走行业特色发展之路,行开放开门办学之策,把建设特色鲜明、优势突出的中国特色高水平职业院校作为不懈追求的目标。正是一代代生态人的不懈努力,执着追求;正是广大教师的脚踏实地,无私奉献;正是莘莘学子刻苦钻研,勇攀高峰,铸就了今日的生态学院。

> 导读

文化塑校园 舒展一幅水墨丹青的画卷

清风拂碧绿,翠鸟闹新枝。漫步花山脚下的这座绿色校园、文化校园、文明校园、和谐校园,如同体验一次生态游。环绕校园纵横交错的主干道两旁,丛丛佳木垂荫,排排大树挺立,错落有序地护卫着现代典雅的教学大楼、美丽舒适的运动场、文化浓郁的校园通道、整齐大方的宿舍楼。

建设绿色校园,提升育人环境。通过水、树、亭、路相结合的办法,在校园内栽植各类大树近1000种,形成了具有亚热带特色的桂花、竹类、山茶科等多群落。园林、生态、树木交相辉映,整个校园形成了一个树木园,体现出了生物的多样性,为学生学习林业技术必修课提供了天然的学习条件,校园成为专业实训基地。每到春暖花开之时,地面草、园中花、路边树、架上藤欣欣向荣地生长,周末假日,师生池边赏景、林中谈心、亭内读书,无不益智怡情。学校还出台树木种植、管理、认养办法,倡导师生每人"挖一个树坑、种好一棵树、养护一株树",班级树、同学树、友情树、入学树、毕业树、夫妻树、家庭树应有尽有。积极开展花卉植物知识展,举办"花卉知识普及周""植物识别大赛""园林植物栽培知识竞赛"活动,师生养成了植绿、护绿、爱绿、赏绿的好习惯。

建设文明校园,锤炼高尚品行。学校重视思想教育,注重文化创新,着力营造追求真理、自由探索的学术氛围,培养创新所需要的科学精神、价值取向、思维方式和行为方式。坚持把观念创新放在首位,大力倡导敢于创新、勇于竞争、宽容失败的精神。同时,强化学生日常管理,立足"以生为本",通过讲座报告、月度主题班会、谈心谈话、实践教育等,培养学生诚信友爱、文明礼貌、爱护学校、自尊自爱的品质,践行"三全育人",在潜移默化中提升学生品行。

建设文化校园,培育多能人才。立足生态文化建设,依托生态文明进校园、生态艺术节、职业技能文化周、社团嘉年华及重要节日文娱活动的开展,丰富校园文化,把和谐发展、感恩教育、优秀传统文化传承、以竞赛文化促技能提高等融入人才素质培养,着力强化校园第二课堂活动,努力构建特色校园文化。逐步把校园建设成为人文气息浓厚、特色活动丰富多彩的人文化校园,呈现"五个思政"的育人过程。

山美在景,人美在心。69年的文化育人,厚积薄发,成就生态学子与山水融合的今天。

第三章 校园文化

校园文化是为学生的健康成长创造良好学习环境的需要。

以促进学生全面发展为目标,以培育特色鲜明的校园文化精神为核心,以建设富有创新的环境文化、生态文化、技能文化和社团活动文化是学校文化育人的重要任务;建设净化、绿化、美化、文化氛围浓厚的校容校貌,创造优美的环境文化。凝练技能培养成效,形成独特的技能文化育人体系,是保障人才培养质量提升的新举措。强化生态文明教育,秉承生态人69年的人文积淀,弘扬时代精神,秉持人类命运共同体理念,携手共建人与自然和谐共生的美丽世界。

第一节 环境文化

一、校园环境

(一) 地理环境

学校位于武汉市江夏区中心城区,地处武昌大学城,周边高校林立、人文气息浓厚。

学校背靠大花山,南面青龙山,西望八分山,北有汤逊湖,东有梁子湖,依山傍水、山清水秀、环境宜人。

图3.1 校园鸟瞰图一

图 3.2　校园鸟瞰图二

图 3.3　校园鸟瞰图三

学校交通便利，前有 101 省道，西临江夏大道、文化大道、7 号地铁线路，北临武咸城际铁路纸坊东站。

图 3.4　交通示意图

图 3.5　7 号地铁线 E 出口学校方向

图 3.6　武咸城际铁路纸坊东站

学校占地面积 729 亩,校外实习基地 11000 亩,校舍建筑面积 30 万平方米。青龙山国家森林公园与学校融为一体,园中有校、校中有山。青龙山环山绿道与学校一墙之隔。该环山绿道是武汉建设最早的一条户外休闲运动观光绿道,全长约 30 千米,起于金龙大街庙山段,经大花山、青龙山、八分山,止于金龙大桥新区段,沿线十二景形成了江夏一条独具特色、高品质的旅游休闲景观绿道,也是学生日常锻炼身体、户外休闲摄影打卡的好去处。

此外,在学校周边还有许多知名旅游景点,如龙泉山风景区、白云洞风景区、中山舰纪念馆、梁子湖风景区、湖泗瓷窑址群、江夏中央大公园、熊廷弼公园、谭鑫培公园、花博园、藏龙岛湿地公园、槐山矶驳岸、武汉安山国家湿地公园等。

(二)建筑布局

学校拥有各类建筑近 40 栋,主要分布在校内花山之下,分为前山、后山两个片区。

学校前山片区,建筑呈现中轴对称格局分布。面向学校,在中轴线——迎宾大道正对的一栋建筑是 2 号教学楼,迎宾大道的右侧主要有 1 号教学楼、3~9 栋学生宿舍楼、学术报告厅、大学生活动中心、1~2号食堂、汽车检测与维修实训基地等。迎宾大道左侧主要有科技楼、3号教学楼、创新创业孵化基地、10栋学生宿舍、12栋学生宿舍和教职工家属楼。

图3.7　1号教学楼、学术报告厅

图3.8　2号教学楼

图3.9　科技楼

图 3.10　大学生活动中心（大礼堂）

图 3.11　学生食堂

图 3.12　3 号教学楼（非物质文化遗产工作室区域）

图 3.13　创新创业孵化基地("京东·生态"校园项目区域)

学校后山片区,主要是实训教学、住宿区域,分布有 1～2 栋学生宿舍、11 栋学生宿舍、食堂、机电一体化实训车间、苗圃温室、风景园林实训基地、家具设计与制造实训基地、物流管理实训基地、精细木工实训基地、家属区等。

图 3.14　精细木工实训基地

图 3.15　花艺实训基地

图 3.16　学生宿舍楼

在校内山上,分布有古建筑工程技术专业实训基地、建筑室内设计工程基地、体育馆等。

图 3.17　园林古建筑工程技术专业实训基地

二、景观文化

环境的优美程度是现代学校文明的重要标志。校园环境文明建设至关重要。学校为营造良好的学习环境,必须重视对校园环境文化的建设。校园环境文化建设,在学校发展中越来显示其独特的一席之地,是践行"三全育人"的必然需要。

校园环境文化表现出"外显内隐"的特征,这种富有特质的经久积淀的人文精神,时刻感染着受教育者的思想观念、道德行为,潜移默化地影响着学生对核心价值的追求,自然就影响到学生人生观、世界观、价值观的不断完善与成熟。

学校经过几十年的建设,秉承"依山显山,和谐共存"的理念,以园林式校园建设为目标,以适度改造、环境宜居、自然风光美为主线,通过环境美化、微景观布局与自然山林相融合,注重花草林木的人为修饰与自然生长相契合,把和谐精髓融入校园景观建设,彰显生态特有的人文环境。

(一)自然之美

自然之美在于自然,存在的和谐即是美最佳的结论。生态的自然之美,就在于"静谧的山林下有着青春的身影,穿梭的人群旁伴有沙沙的落叶声"。庄子曾说"天地有大美而不言",在生态校园中,鉴赏花山风韵,需要身临其境,用心感悟,无论是云蒸霞蔚,还是密林静悄;不管是百花争艳,还是青草密密,用眼观、用耳听、用心悟,不同的人、不同的视角,都将发现不一样的美。

图 3.18 竹林径幽

图 3.19 山林静谧

图 3.20 香樟林

图 3.21 环山步道

(二)人文景观

走进自然、修饰自然、融入自然,学校充分发挥自身的林业特色优势,带领生态人从微景观入手,充分利用资源,把景观改造与学生实习实训教学相结合,打造出具有生态学院独有特色的一道道靓丽的人文景观。

图 3.22　古木林荫

图 3.23　"书山"有路

图 3.24　走进花山

圆桌石凳，台阶鳞次，步道曲折，或精致花园、或路边凉亭、或布满藤蔓的木道长廊、或百花争艳的花草瀑布墙，红花绿叶相配、虬枝新蔓相融，林竹高低有序、静石流水互应，无一不彰显着是生态校园"林在山中有，山在林下藏"的人景一体和谐美。

图 3.25　2 号教学楼前广场一角

图 3.26　憩园一角

图 3.27 伴山亭

图 3.28 生态花墙

图 3.29 绿色长廊

图 3.30 山下小园

图 3.31 场中绿植

图 3.32 园中天地

(三)主题文化

学校紧抓校园精神文明建设,强化校园主题文化建设,融教于景、依景见教,以社会主义核心价值观、红色教育、生态文明教育等为切入点,丰富校园内涵建设,用实际行动落实"三全育人"。

1. 秉承校训,传导生态精神

学校在校园建设过程中,科学规划、缜密布局,以景感人,以美育人,以文化人,在传统宣传橱窗、标语、横幅的基础上,开辟了一个个校园文化绿色窗口,用枝繁叶茂、错落有致的精致景观,时刻散发出生态校园"和谐奋进、勇于拼搏、勤思笃行、实践育人"的精神,让每一个生态学子身临其中,读懂"心修自然,强技养德"的文化内涵,在行走间体会、在回眸中感悟、在凝视中汲取文化的熏陶,润物细无声。

图 3.33 生态花坛

图 3.34 凝练——路边微景

图 3.35　和谐之蕴

2. 强化思想引领,践行社会主义核心价值观

校园文化宣传是大学生培育和践行社会主义核心价值观的重要途径之一。学校十分重视校园文化建设在大学生培育和践行社会主义核心价值观中的作用,坚持"育人为本,德育为先"的思想,在校园文化建设过程中,积极以活动为载体、以主题宣传为手段,弘扬红色文化,用主流核心价值观武装头脑,让新时代大学生从理想信念上、思想道德上、行为方式上辨得清是非、经得起检验,增强"四个意识"、坚定"四个自信"、坚决做到"两个维护",逐步成长、成熟起来,成为对国家、对人民、对社会有益的人。

图 3.36　庆祝中国共产党成立 100 周年花摆

图 3.37　庆祝中国共产党成立 100 周年晚会活动

图 3.38　社会主义核心价值观宣传

图 3.39　校园主题文化宣传栏一

图 3.40　校园主题文化宣传栏二

第二节　生　态　文　化

一、将生态理念融入办学过程

由于中国还处于工业文明进程中期,生态文明建设的观念形成较晚,理论基础较薄弱,实践探索较缺乏,建设任务更加繁重,推进生态文明教育,必须理念先行,用正确的理念引领生态文明教育。湖北生态工程职业技术学院注重理念先行,将生态文明的理念融入办学全过程。

(一)将生态文明理念纳入办学理念

在校训"心修自然、强技养德"中体现了生态文明的理念,生态和谐是学校构建和谐校园的首要立足点,"心修自然"的出发点在于能够凸显学校在生态、园林、绿化等方面的优势,它蕴涵着尊重生命、敬畏自然的深层生态意识和生态智慧,意味着办学应在实践中融入运动不息的客观世界,回归与感悟自然,潜心修养,提升品格,提高人自身的精神境界并加以升华,使每个人能在对自然的审美过程中陶冶情操,让师生心灵获得美的享受,走向和谐之境,形成互利共生的生态圈,与自然共舞。"强技"即强化技艺、增强技能。办好职业技术教育应着重于扎实的技术和本领,把提高学生专业技术素质、社会实践能力作为实践性教学的重要任务。这应是职业教育的"立身之本",同时也是学生将来踏入社会之后扎根立足的资本。"养德"即提高自己的品德修养,养德不仅是一种十分有益的行为准则,更是全体师生可借鉴的优良传统,对学校而言,德为育人之本;对学子而言,德为成人之本,凸显出以德调心、以心养德的人文特色。"强技养德"既能够反映出学校十分强调技能、重视思修的办学特色,也能够实现从自然领域向人文领域的跨越,达成生态与生命,也就是自然与人的和谐统一。它反映了办学力求培养技能实用型人才、陶冶师生内心修为的办学理念,从技能和德行两个层面对师生提出了具体要求。

(二)将生态文明理念纳入专业建设目标

要求将生态文明理念渗透到各专业的人才培养方案,特别是对宣传人类中心、鼓吹漠视自然、滥伐自然的有关内容,进行了剔除或必要辨析。在专业建设上秉持"围绕美丽事业,做好生态文章"的理念,重点建设了体现林业行业特色和优势的专业,围绕"山水风光美"打造了林业生态特色专业群,围绕"城市环境美"打造了园林园艺特色专业群,围绕"居室艺术美"打造了雕刻艺术与家具制造特色专业群,围绕"休闲生活美"打造了森林生态旅游特色专业群,等等。

表 3.1　学校各专业群的建设内涵

专业群	建设特色	代表专业
林业生态特色专业群	围绕"山水风光美"打造林业生态特色专业群	林业技术、园艺技术、生物技术及应用、环境监测与治理技术
园林园艺特色专业群	围绕"城市环境美"打造园林园艺特色专业群	园林技术、环境规划与管理
雕刻艺术与家具制造特色专业群	围绕"居室艺术美"打造雕刻艺术与家具制造特色专业群	室内设计技术、雕刻与家具设计、艺术与木工
森林生态旅游特色专业群	围绕"休闲生活美"打造森林生态旅游特色专业群	森林生态旅游,将会计、物流管理、电子商务、市场营销等专业进一步整合为具有涉林性质的特色商贸管理专业群
信息与机电特色专业群	围绕"服务美丽事业"打造信息与机电特色专业群	稳定发展计算机专业。向这些非林专业中注入林业特色元素,比如对财会类专业侧重于生态资源的管理,大力提升这些专业服务于生态文明建设和美丽中国建设的能力

(三)将生态文明理念纳入人才培养方案

生态文明成为中国特色社会主义新的科学内涵,与政治、经济、文化、社会建设构成中国特色社会主义事业"五位一体"的总体布局。高等教育人才培养要服务于经济社会发展需求,因此适应"五位一体"总体布局新要求,把大学生培养成为具有生态文明观念、知识、能力和素养的人,是大学人才培养目标的新内容,是生态文明时代高等教育与时俱进的必然要求和具体体现。湖北生态工程职业技术学院将生态文明教育理念贯穿在人才培养方案、教学管理、课堂教学和社会实践等方面,不断深化教育教学改革,培养生态人格。

二、建设生态文明通识教育课程

湖北生态工程职业技术学院是全国率先实施大学生生态文明教育进课堂的高校。

(一)课程建设

学校在实施生态文明通识教育方面具有以下特色资源。

一是特色专业。学校开设开办覆盖"生态文明、绿色发展"全领域的 30 余个专业,是培养美丽事业建设者的摇篮。学校经过多年办学经验积累,已形成了以林业、园林及相关专业为主体,兼具特色的专业体系,这些独具特色的专业优势为实施生态文明教育提供了良好的基础。

二是特色师资。学校在林业技术、园林技术等领域有多名高级职称教师,这些教师具有丰富的生态知识和教学经验,这对实施生态文明教育来说是一笔财富。另外,学校还拥有生态文明研究、环境监测与治理等方面的师资力量,这对于了解生态文明的进程有重要的意义,不仅丰富了生态文明教育的内容,而且有助于培养学生的综合素养。

三是特色实训。以重点实训基地为依托,学校在大冶市建设校外生产性综合实习实训示范基地,实习实训基地占地 10000 亩,由科学研究区、种质资源区、良种苗木繁育区、苗木生产区及教学实训区等五大功能区构成,是集生产销售、教学实习实训、科学研究、观光休闲为一体的具有区域性、行业示范性的林业职业教育综合实习实训基地,基地承担生态类专业群学生核心技能训练、职业能力培训和农民技能培训,是生态类专业产学研相结合、教学做一体化生产基地;生态类专业群实践技能体系构建研究基地;生态文明教育和大学生就业创业示范基地。因此,学校开展生态文明教育可以依靠这些资源,使学生切身感受和体会生态文明,比简单的说教方法会更有效。

1. 课程定位

学校将生态文明教育课程定位为通识教育,通过公共必修课程的开设,设置合理的教育内容,安排合适的教育方式,让学生了解生态文明知识,培养学生的生态文明理念和素养,以达到践行生态文明行为的目的。

2. 课程目标

通过生态文明通识教育,在每一个生态学子身上打上生态文明的烙印。一是生态认知目标。旨在加强学生对知识的了解和掌握,主要是使大学生普遍接受一定的生态基本知识的学习,使其具有客观认知生态环境的能力;使学生接受文化的熏陶,掌握基本生态文明知识和其历史演进过程。二是生态理性目标。旨在拓展学生的文化素质教育空间的同时,培养其热爱自然、热爱生命的高尚情感。在生态文明教育课程中培养学生坚定的生态文明思想,正确的人与自然和谐相处之道,牢固树立生态文明理念。三是生态技能目标。旨在使学生能够切身体会生态环境的保护与社会进步的关系,进一步增强关于人与自然和谐发展的认识水平。

表 3.2　生态文明教育课程目标的确定

目　标	内　　容	价值取向
认知目标	从历史文化熏陶等方面,帮助学生掌握生态文明知识和自然历史演变过程。从国家政策层面,帮助学生理解国家生态文明建设的决心和相关政策。从环境保护方面,介绍国内外先进做法,普及环境保护相关知识	获取生态知识
理性目标	培养学生对大自然的感恩之心;培养学生对大自然的敬畏之心;培养学生心系自然敢于担当的人格	培养生态情感
技能目标	约束个人行为,从节约一滴水、一度电开始践行节约环保意识;结合工作实际,服务行业发展;拓宽思路,创造性地开展本职工作	践行生态行为

3. 课程内容

学校在编写生态文明教育教材时对相关资料进行了搜集归类梳理及比较分析,同时,教材提纲是按照学生的认识心理进行编写的。2014年学校出版了《生态文明简明教程》，内容主要包括生态危机观教育、生态自然观教育、生态价值观教育、生态伦理观教育等方面，教材主要内容分为六个部分，这本教材图文并茂，内容通俗易懂，作为公共必修课教材，能培养学生保护生态、爱护自然的习惯和素养。

(二) 课程实施

将生态文明教育相关课程列为公共必修课，由学校教务处统筹，通识教育部负责进行课堂教学组织，课程的实施分为三步。第一步是由通识教育部协调各教学单位进行排课、安排教学人员。第二步是组织大一年级学生，包括课前动员和召开协调会议等。第三步是课程的实施阶段，课堂教学六周，课堂教学结束后是为期一到三周的实践教学，教学地点在湖北大冶实训基地。课程实施第三步最为重要，它直接关系到课程目标的达成情况，实施过程中，既定的课程计划提供了课程的基本内容，教师应充分运用互动等方式，与学生共同探讨问题，围绕生态文明的相关知识，可以灵活调整，在课程实施的过程中，将生态文明的思想贯穿其中，深化学生的生态文明理念。

(三) 教学方式

学校生态文明教学按照三大专题教学模块设置，开展了专题教学、现场体验教学、自我训练三种教学方式。教学由通识教育部统一负责组织实施，各教学单位积极配合。按照崇尚科学、亲近自然、生态文明的教学理念，精心设计了适应职业院校人才培养要求的课程模块结构。

1. 专题教学方式

教师在授课过程中充分考虑学生之间的差异，针对不同的专业、不同的教学内容、不同的学生，合理选择教学方法。结合教学目标，授课教师明确每一讲的主题，不拘泥于选定的教材，从自然、历史、文化以及经济社会角度开发教学内容，形成专题化的项目，力求以专题教学的形式使学生的生态文明素养得到提高。比如，在课堂教学环节有些教师分专题进行授课：专题一，人类当前面临的生态问题；专题二，生态文明的认知和实践；专题三，生态文明建设的意义、特征和任务；专题四，生态文明国家建设大家行；专题五，武汉市生态文明建设成果展示。

2. 现场体验教学方式

在生态文明教学模式中，教师充分考虑了理论与实践的结合，充分研究理论课的内容、结构以及各专题课程之间的相互关系，对课程实践环节进行规划和调整，优化教学内容，提高学生的实践能力。学校以大冶实训基地为实践教学点，在教学方式上突出实践特色，建立"校企共育、产学同步、工学结合"的人才培养模式，加大实习实训和现场教学的比例，对接职业标准，提高毕业生就业创业能力。

3. 自我训练方式

在课程之外，学校鼓励学生积极参与各种生态环保类活动，在实践活动中培养生态文明意识。在教学方式上，除了采集式和认知性实习外，更为重要的是要设计学生自助式、研究性的实习内容。教学围绕不同的主题，设计了适应学生需要和兴趣的自学训练与成长的项目，比如动手进行生物标本制作、学校所在地周边农村历史文化与民俗体验等学生自学训练方式，增强了教学的趣味性，也增加了教学过程中的娱乐性。此外，有些教师在课前安排了多个研究议题，课中让学生自主讨论。

三、打造一个平台：大冶生态文明实训基地

所谓生态文明教育基地，是指具备一定的生态景观或教育资源，能够促进人与自然和谐价值观的形成，教育功能特别显著，经国家林业和草原局、教育部、共青团中央命名的场所，具有教育、研发、示范、保护、传播等一系列综合功能和特殊的文化功能。

为配合生态文明教育的有效实施，学校在大冶市建设校外生产性综合实习实训示范基地，实习实训基地占地10000亩，由科学研究区、种质资源区、良种苗木繁育区、苗木生产区及教学实训区等五大功能区构成，是集生产销售、教学实习实训、科学研究、观光休闲为一体的具有区域性、行业示范性的林业职业教育综合实习实训基地。

图3.41　学校大冶生态文明教育实训基地示意图

基地可以承接大学生生态文明教育和就业创业教育，主要实习实训项目有树木识别、种苗生产、栽培与养护、规划设计、施工管理、林下经济、花卉苗木营销等，可同时满足300名学生进行实习实训，作为学校生态文明教育教学实践基地，2014年以来已对大一年级新生进行了生态文明教育实践教学，共计12000余人次。

四、开展生态文明进校园活动

为贯彻落实绿色发展理念，促进生态文明建设，推进美丽中国、美丽湖北建设。学校在前期生态文明教育取得突出成绩的情况下，提议在全省范围内开展"传播绿色文化 共建生态校园"活动，为扩大活动的深度、广度和维度，学校与湖北省绿化委员会、湖北省林业厅、湖北省教育厅、共青团湖北省委四部门进行了联系，请求四部门在全省范围内开展"传播绿色文化 共建生态校园"活动，学校发挥"生态文明教育基地"的作用，作为承办方开展活动。四部门高度评价此活动，认为是践行绿色发展理念的一次具体实践，共同印发了《关于开展首届传播绿色文

化 共建生态校园的通知》(鄂绿发〔2015〕5号),决定在全省中学、中职学校范围内继续举行"传播绿色文化 共建生态校园"主题宣传活动。2016年、2017年学校继续承办,承办这项活动后,学校开展了丰富多彩的活动。

(一)传播绿色文化

一是宣讲生态知识。在全校范围选择专业师生和志愿学生,组建生态文明宣讲团,以图文展、技能展、标本展、成果展等多种方式让"生态文明进校园",仅2017年到全省40余所中职、高中进行宣传,让50000余人次的师生直观了解了生态文明。

二是开展征文比赛。以"传播绿色文化 共建生态校园"为主题,在全省中学、中职学生中分组开展征文比赛。优秀作品在《帅作文》(隶属《楚天都市报》)进行了专版发表,并以《绿梦》为书名结集刊印,公开发行,对获奖学校、指导教师和作者发文表彰。

三是助建绿色社团。倡议全省中学、中职学校成立"生态文明学生社团",为学校生态文明教育搭建学习、交流、讨论、体验的平台。学校每年提供"绿色基金"活动经费,2017年已经助建了全省11个片区的39所学校的绿色社团,并在学校进行了"绿色社团"的授牌仪式。

(二)助建生态校园

一是校园植物挂牌。学校利用专业优势,派出相关专业教师,对参与活动学校的校园进行植物识别,并制作植物挂牌,进行悬挂。已经在全省近30所学校进行了挂牌。

二是校园绿化规划。学校凭借在生态园林式校园建设中的技术和人才优势,根据有关学校的要求,帮助近20所学校进行了校园绿化规划。

三是绿化苗木支持。对部分高中、中职生态园林式校园建设中所需的绿化苗木,学校以在大冶和崇阳所拥有的实习实训基地所产绿化苗木进行对口支持。

(三)开展专题活动

一是开展生态文明夏令营活动。组织生态文明夏令营活动,让参与活动的师生走近湿地、接触森林、亲近动物,使师生感受生态魅力。学校于2017年8月,分黄冈、随州两条线,组织全省200余名学生,进行了"生态文明夏令营"活动,取得了良好的效果,各大媒体进行了报道。

二是组织生态文明企业行。让师生走进生态企业,了解生态企业,感受生态文明与社会生活的接轨。让学生知道生态文明对社会的贡献。以"我选湖北 服务生态"活动为契机,组织学生到省内各大林业龙头企业进行参观,直观了解林业产业发展,感受生态文明内涵。

三是进行生态文明大练兵。对黄梅理工学校进行的黄冈市技能比赛,进行了"生态杯"冠名,设立生态杯奖项,从全省组织选手报名参赛,对比赛获奖的选手实行学费减免政策。

(四)发挥教育作用

以湖北生态文明教育基地为依托,开通了"生态文明教育进校园"专题网站,开展生态文明宣传员培训班,以专题报告、讲座等方式,开展生态宣传教育。加强对"生态文明"教育基地的建设,不断充实和扩大教育基地的内容,使教育基地切实发挥积极作用。在参与活动的学校中,评选一批对活动做出突出贡献的"生态文明宣传员",充分发挥他们的示范带动作用,鼓励更多人投入到"传播绿色文化 共建生态校园"的活动中来。

五、争创省级生态文明教育基地品牌

校园生态文化环境主要包括物质环境、精神环境、制度环境。加强生态物质文化建设是高校生态文明教育的基础,而提升校园精神文化建设是高校生态文明教育的精神动力,最后健全制度文化体系是加强高校生态文明教育的长久保障。学校在实现其基本教育功能的基础上,将可持续发展理念纳入日常工作和管理中,校园环境优雅,绿化程度高,人文气息浓郁。

一是在管理理念中渗透"绿色"。通过制定科学的管理制度,开展环境教育活动,创设环境保护氛围,提高师生环境素养,增强师生环境意识,让他们自觉参与环保行动。学校被评为湖北省生态园林式学校,是首批获此殊荣的六所高校之一。

二是在校园环境中营造"绿色"。营造绿色校园,现在的校园一片"绿意"盎然,依托校内花山、青龙山余脉山系的地理特点,秉承"自然与生态"规划理念,打造出"显山透绿景观、绿地植物景观、人行步道景观和人文景观与园林小品"等系列生态景观系统,花坛里花木掩映,绿草如茵,绿化层布局合理,设计巧妙,为学子们提供了一个优雅静谧的学习环境。

三是在实践活动中深化"绿色"。学校的环保实践活动主要从学生环境卫生意识培养、文明就餐行为培养、学生参与环保公益活动和学生环保研究性学习活动切入。为了实现全员参与环境卫生管理,制定了《教师行为六禁止》《学生行为六不准》等制度,建立了学生自学管理新机制。让学生自觉参与环境卫生管理,既能培养学生良好的环境卫生意识,又能达到净化校园的目的。

学校积极发挥社会服务功能,鼓励中学生开展有关绿色方向的社团活动,并进行资助。申请助建的"绿色文化"学生社团在所在学校指导下开展各类活动,并接受学校的监督。"绿色文化"学生社团为学校生态文明教育搭建了学习、交流、讨论、体验的平台。

学校将生态文明方面的科研作为重要论题纳入科研计划,2015年成立了"林业与生态文明研究所",专门开展生态文明教育工作,科研领域涉及森林文化、生态文化、林业史、绿色经济、绿色传播与绿色文化、绿色行政、绿色教育、绿色校园文化、生态法制、生态人格、马克思主义生态思想等。

第三节 技 能 文 化

百炼成钢、久久为功。娴熟的技术锤炼出非凡的能力,经久的技能传承方能凝就出文化的厚积薄发。任何行业和职业,任何岗位和领域,无论是大师,还是学子;无论是大国工匠,还是普通工作者,熟者谓技、巧者谓能、醉入其中者方能谓之文化。

以技能彰显文化传承,是职业精神的外溢。技为表、能为心,文化入髓。

学校在传统优势专业和专业群的基础上,总结出了"花艺、茶艺、木艺、园艺、其他传统技艺"等具体特色的"五艺"技能文化展示,紧紧围绕生态理念,逐步构建"一院一品""一专一品"

的特色品牌专业和专业技能文化塑造,大力弘扬和建设青工技能文化,引导新时代大学生把学习技术、提升技能作为职业生涯发展的重要途径,让技能文化成为社会所广泛接受的价值理念,真正形成"尊重劳动、崇尚技能"的文化氛围。

一、茶艺文化

中国是茶的故乡,也是茶文化的发源地。中国茶的发现和利用已有四千七百多年的历史,且长盛不衰,传遍全球。茶是中华民族的举国之饮,发于神农,闻于鲁周公,兴于唐朝,盛于宋代,普及于明清之时。中国茶文化糅合佛、儒、道诸派思想,独成一体,是中国文化中的一朵奇葩!同时,茶也已成为全世界最大众化、最受欢迎、最有益于身心健康的绿色饮料。茶融天地人于一体,提倡"天下茶人是一家"。

茶文化的内涵其实就是中国文化的一种具体表现。中国素有礼仪之邦的称谓,茶文化的精神内涵即是通过沏茶、赏茶、闻茶、饮茶、品茶等习惯与中国的文化内涵和礼仪相结合形成的一种具有鲜明中国文化特征的文化现象,也可以说是一种礼节现象。

茶是劳动生产物,是一种品位。茶文化是以茶为载体,并通过这个载体来传播各种艺术。茶文化是汉族传统优秀文化的组成部分,其内容十分丰富。

湖北作为茶圣陆羽的故乡,爱茶之道颇为盛行。学校顺应市场发展,为满足行业专业人才需求,分别开设了茶艺与茶叶营销、茶树栽培与茶叶加工等专业,并建立有炒茶、制茶、茶检测、茶艺等多个实训室,建有近20个校外实习实训基地,聘请省内外知名大师作为客座教授,湖北省非遗传承人在校设有工作室开展传统手工茶制作技艺传承,人才培养质量较高,毕业生供不应求。

(一) 以技能为载体彰显文化传承

柴、米、油、盐、酱、醋、茶,作为开门七件事之一,饮茶在古代中国是非常普遍的。中华茶文化是中国制茶、饮茶的文化,源远流长,博大精深,不但包含物质文化层面,还包含深厚的精神文明层次。唐代茶圣陆羽的《茶经》在历史上吹响了中华茶文化的号角。从此茶的精神渗透进宫廷和社会,深入中国的诗词、绘画、书法、宗教、医学。

在专业化人才培养过程中,学校不但注重专业技能的培养,更是从师资队伍强化建设、行业交流学习、学生技能竞赛、社会服务等方面入手,注重职业精神塑造,弘扬中华茶文化。

1. 重师资,构建技能领导团队

技能实践是技能文化传承的载体和基础,强化基本的茶艺技能,是践行茶文化的重要表现。近些年来,为了走出生态茶业职业教育特色发展之路,学院高度重视"双师型"教师队伍建设工作,拓宽师资来源,充分吸收聘请企业的能工巧匠、技能大师承担教学任务。委派骨干教师积极参加国培、省培,提升专业质量建设能力,鼓励考取"品茶师"等系列职业资格证书。同时,组织教师深入合作企业挂职实践锻炼,深入了解并学习茶叶种植生产、茶产品加工制造、茶叶营销、茶企经营、茶文化推广等全产业链,提升全过程育人能力。参照国标标准,按照湖北省茶叶行业人才需求的规格标准调整人才培养方案,培养优秀的行业急需、岗位急缺、录之能用的高素质技术技能人才。

图 3.42　专业教师参加全国茶叶生产技术培训会

图 3.43　强技能,师生同制茶

图 3.44 手工制茶

图 3.45 教学研讨,技能交流

2. 强技能,注重人才培养质量

近年来,学校坚持"以赛促学,以赛促教"的育人理念,积极通过校园职业技能大赛、校园职业技能文化周等活动,推进以赛促训的教学模式,全员参与,强化职业精神培育,弘扬大国工匠精神。同时,选派优秀学生积极参加各类行业比赛、国家级职业技能大赛,锤炼学生品性,通过增强技能,促进人才培养质量的提升,为传承茶文化打下坚实基础。

2018年9月,在"湖北工匠杯"技能大赛——湖北省第十届茶叶职业技能大赛中,学校参赛项目《茶叙春秋》荣获团体银奖、个人赛《江山对话》荣获铜奖,我校学生熊茜茜、陈雷被授予"湖北省技术能手"的荣获称号,两人分别晋级茶艺技师和高级茶艺师;学生杨拓于2019年,在红安县"老君眉杯"手工制茶技能大赛中荣获优秀奖;2019年学校荣获"'好茶仓杯'鼎承品茶师·第二届荆楚斗茶"大赛一等奖一个、二等奖两个、三等奖一个,学校被授予大赛支持单位荣誉称号;2019年11月,学校在第六届中华茶奥会茶艺大赛中,作品《初心·茶盏正当红》荣获

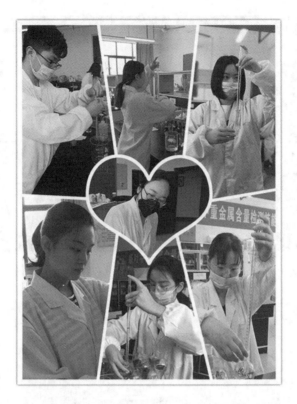

图 3.46　校级职业技能大赛(茶叶重金属含量检测赛项)

团体银奖,与浙江大学代表队并列第二名,冯时老师被授予优秀指导老师荣誉称号;2019 年 4 月,在第七届中国(武汉)国际茶产业博览会暨"耕读"杯茗星茶艺师、第六届全国评选大赛武汉分赛(初赛)中,学生刘文露、曾松楠、黄诺分别获第二名、第四名、第七名的好成绩;学校在 2020 年赤壁市第二届"工友杯"手工制茶技能大赛中,荣获一等奖。

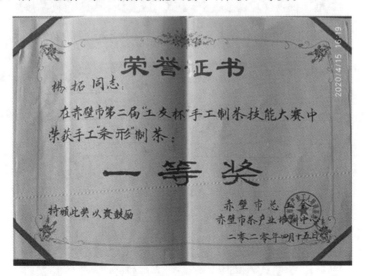

图 3.47　荣获赤壁市第二届"工友杯"手工制茶技能大赛"条形"制茶一等奖

图 3.48　荣获"'好茶仓杯'鼎承品茶师·第二届荆楚斗茶"大赛支持单位荣誉称号

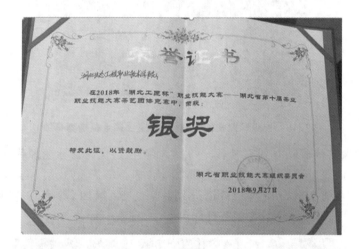

图 3.49　荣获"湖北工匠杯"技能大赛——湖北省第十届茶叶职业技能大赛团体银奖

图 3.50　湖北省第十届茶叶职业技能大赛参赛队员合影

我校 2017 级胡荣华同学,在 2020 年 5 月 1 日的央视一套晚间新闻劳动节特别报道中接受了记者采访,展现生态学子用所学技能奋战麻城市"战役战贫"第一线的突出奉献,小茶叶、大作用,用学识助力家乡建设。

图 3.51　生态学子胡荣华接受记者采访

生态学子在各类制茶、茶艺等各类技能比赛中成绩不俗,在他们身上展现出了踏实肯干、吃苦耐劳、刻苦钻研的良好品质,体现了学校当代大学生工匠精神的良好培育。

(二)以交流为媒介增进文化互通

搭建交流平台,加强中华传统茶艺传承,是推进学校高质量建设发展的催化剂,也是高等职业教育发展的需要。2018 年 6 月 23 日,湖北省陆羽茶文化研究会高校学会成立大会在我校召开,我校为秘书长单位,与会专家学者济济一堂,围绕茶艺师国家职业标准、茶艺如何进行创新、茶产业的未来发展、茶艺师职业晋升通道以及茶艺师社会认可度的提升等焦点问题展开研讨,旨在为更好地传承中华茶艺、弘扬茶文化寻求发展之道。

图 3.52　学校与湖北省陆羽茶文化研究会签订战略合作协议

2019 年 6 月 19 日,湖北省陆羽茶文化研究会高校学会在我校组织召开 2019 年工作会议,各高校会员单位代表 40 余人参加了会议。我校冯时老师作为高校学会秘书长就茶学专业

图 3.53 "湖北省陆羽茶文化研究会高校学会"成立大会

建设、茶叶技能竞赛、茶艺人才培养及培训等工作做了报告。我校盛夏老师,汇报了我校承办湖北省"第十一届茶叶技能竞赛"的筹备工作。与会专家王岳飞教授、余悦教授、石艾发会长先后发言。从行业中来、到行业中去,学校专业建设依托湖北省陆羽茶文化研究会,根据行业人才需求的规格标准调整人才培养方案,从职业规范中制定高职学生素质标准,搭建校企衔接的平台,促进专业与产业的无缝对接。

图 3.54 "湖北省陆羽茶文化研究会高校学会 2019 年工作会议"与会领导合影

学校始终坚持依托行业办专业,积极开展校企对话,紧紧把握产业发展的脉搏,优化校企合作流程,创新校企合作体制机制,强化校企合作对接与融合,落实产教融合,在新的发展形势下创新思路和方式方法,注重中华茶文化在人才培养过程中的体现,提高人才培养质量。2020年11月,学校茶艺与茶叶营销专业教研室老师应邀到访湖北茶业集团、汉口茶厂开展调研商榷校企合作的相关事宜。

图 3.55　教师赴企业调研合影

图 3.56　学校在汉家刘氏茶业有限公司开展调研交流

图 3.57　专业教师参加长三角茶文化·茶科技·茶教育协同发展研讨会

图 3.58 我校教师参加茶旅融合与教育创新主题研讨会

(三)借助社会服务提高文化影响力

走出校门,让社会检验人才培养质量,积极通过开展社会服务,提升茶文化的影响力,是文化传播的一个重要举措。

2019年5月11—12日,我校学生在第七届世界军人运动会马术场地障碍测试赛贵宾茶歇区担任茶艺师,茶席布置简约不失庄重、古朴兼具风雅,现场气氛温馨祥和。茶歇时分,茶艺师身着土家族服装,气质高雅、温婉脱俗,向与会嘉宾展示了恩施玉露、利川红茶茶艺技法,现场贵宾和媒体记者对我校学生技能展示赞不绝口,纷纷驻足拍照,展现了我校学生扎实的茶艺技能和热情的服务态度,也让在场嘉宾、中外媒体和记者更加深入了解中国的茶文化。

图 3.59 学生在第七届世界军人运动会马术场地障碍测试赛场担任茶艺师

2019年4月28日,在第七届世界军人运动会独家供应商新闻发布会暨武汉东湖茶叙周年茶会上,我校应邀参加,生态学子在茶会上充分展示了高质量的服务水平与专业的茶艺功底,让恩施名茶飘香四溢,赢得了主办方以及参会代表们的高度认可。

图 3.60　学生在第七届世界军人运动会独家供应商新闻发布会暨武汉东湖茶叙周年茶会上担任茶艺师

2021年3月23日,我校学生余靓在"中韩茶文化品鉴交流会"上担任主泡茶艺师,为出席品鉴会的韩国驻汉总领事姜承锡先生、周泰吉领事一行等人做服务,凭借着精湛的茶艺服务,让在场宾客们深刻感受到了茶文化的悠久历史和深厚底蕴,受到与会领导的高度赞赏。

图 3.61　学生在中韩茶文化品鉴交流会上担任茶艺师

二、花艺文化

中国插花是一种古老的传统文化现象,大多为满足主观与情感的需求,亦是日常生活进行娱乐的一种特殊方式。插花源于古代民间的爱花、种花、赏花、摘花、赠花、佩花、簪花。其根本在于不断创造新兴之美,借此宣泄内心的欲望与情绪,彰显出浓缩化和夸张化的生活。

花艺崇尚自然,讲究优美的线条和自然的姿态。其构图布局高低错落,俯仰呼应,疏密聚散,作品清雅流畅。按植物生长的自然形态,有直立、倾斜、弯曲和下垂等不同的插花形式。

(一)花艺文化发展

1. 花艺文化内涵

中国插花萌芽于春秋战国时期,距今已有3000多年历史。它具有极高的史学价值、文化价值、美学价值、社会价值、实用价值、经济价值和科学研究价值。与西方插花相比,中国传统插花具有独特的风格和鲜明的特征,主要表现在:追求花材的自然之美;追求花材的意趣美;善用木本花材;采用不对称式构图形式;赋予花材丰富的内涵与象征性;注重花材与花器、几架、配件以及作品环境的统一;兼顾中国人独特的赏花方式,分为曲赏、酒赏、香赏、谭赏、琴赏和茗赏等。

在插花中,赋予各种花木许多象征性和寓意,如:荷花被视为清净高洁,称为净友;牡丹被称为"花中之王",是富有和显贵的象征;梅花有清高淡雅、傲雪凌霜的性格;桂花,是官运亨通、文思长进和中秋团圆的象征;竹,是虚心和忠诚的象征;松,是威严与长寿的象征等。

中国插花以花枝为线条进行造型,善用木本花枝线条进行造型。或柔或刚,或粗或细,或秀雅或苍古,可自由构图,表现出各种优美生动的轮廓、体量、质感与动态,精心搭配,赋予文化寓意,展现出"一叶一世界、一花一乾坤"的艺术天地。

2. 花艺的风格与特点

(1)师法自然,天人合一。我国明代园艺家计成在《园冶》中说:"虽由人作,宛自天开。"中国插花的最高境界,即是这种"天人合一"的境界。利用自然界植物的花、枝、叶、果、根等为素材,经过巧妙的构思,减少人工雕琢的痕迹,合乎自然之态、饱含自然之情、富有自然之趣,源于自然,又高于自然,是人工美与自然美的有机结合,是"天人合一"的结晶。

(2)讲究诗情画意,注重意境美的创设。以"情"写"景",情景交融;以"景"写"神",形神兼备。不只外在的造型优美动人,其内在的富有诗情画意的意境,更传达出无限的景外之景,弦外之音。在欣赏作品外在形态美和色彩美的视觉美感享受之后,进而步入美妙的意境之中,感悟主题文化的寓意和内涵,与作者进行心灵的对话与沟通,"神似胜形似,无声胜有声"。

(3)采用不对称式自然构图形式。插花作品的造型常采用不对称式构图形式。虽然有直立式、倾斜式、水平式(或称平展式)、下垂式等四类基本构图形式,但是,通过高低错落、动势呼应、俯仰顾盼、刚柔曲直,各得自然之妙趣。不对称式自然构图作品清新自然、秀丽多姿,不受任何形式和格式的限制,充分发挥作者的艺术创作才能。

(4)强调花材的寓意。在爱花、赏花、育花、用花的过程中,对之产生深厚的感情。以花为伴,将花当成有生命、有灵性的知心朋友,相知甚深。树木花草被人格化,根据树木花草的习性、形态、开花季节等,被赋予种种美好的寓意,以花喻人,表达人们对自然、对社会、对人生的感悟和期盼,用自然之理推及社会之理和人生之理。

(5)季节特色的表现。不同季节遴选不同的花材,更能富有鲜明的现实感和即时性,增强了作品的感染力。使人真切地感受到该季节的动人景象。

(6)重视作品与环境的统一。插花为美化环境服务,使作品与环境完美统一,浑然一体,是追求多感官美感享受的高雅艺术。

（二）花艺文化传承

以花传情，以花明志，赋予花卉以某种寓意，在春秋战国时期就已经形成了特有的中国花艺文化。

花艺作为我校的重点专业方向，经过几十年的发展建设，成绩斐然。学校在人才培养过程中，不仅注重识材、辨材、选材、色彩搭配、造型设计等技能的培养，秉承"心中有景方能达意，景中有情方能久远"的花艺设计理念，更加注重以文化育人为抓手，积极塑造学生对花艺历史、花艺文化的领会和传承。不懈的努力，铸就了学校今日在花艺领域的非凡影响。

1. 加强师资队伍建设，保持行业领先水平

根据发展需要，学校成立了花艺项目技术专家团队，该团队既有教学经验丰富的专职教师，还有来自企业实践经验丰富的兼职师傅及本科院校的博士生导师。团队负责人张华香为第44届、第45届世界技能大赛花艺项目湖北省选拔赛专家组长、裁判长，具有较丰富的世赛工作经验；专家团队下设3名专家和5名教练，涵盖了我省花艺项目中高校专家及行业优秀大师，均具有省级以上技能大赛指导、执裁经验。

图3.62　实训教学

图 3.63　专家培训

图 3.64　实训操作演示

学校重视花艺团队的培训培养,加大团队教师外出培训交流,及时把握世界花艺最新的流行趋势,了解不同赛事的评价体系,让自己的设计理念和制作技巧始终与世界最前沿的花艺审美接轨。团队成员人均每年至少参加国内外大型花艺赛事 2 次。同时,积极邀请国际知名专家来校指导,委派教师参加行业各级各类比赛,以锤炼教师队伍。

2. 依托校内基地,强化技能培养

学校建有花艺实训中心,对接世赛标准配备设施设备,总投资逾 500 万元,面积达 760m^2,在全国各类高校中是面积最大的花艺实训基地。

实训中心承担了对外展示、对内教学的功能,每年接受各级领导嘉宾参观交流百余次,充分展示了我校师生的花艺水平,成为我校对外交流的窗口,也打造出了湖北省最具有特色的品牌示范基地和技能名师工作室。

图 3.65 现场教学

图 3.66 花艺实训中心剪影一

图 3.67 花艺实训中心剪影二

图 3.68　花艺实训中心剪影三

图 3.69　花艺实训中心剪影四

3. 赛教一体,高水准对接,推进技能文化传承

学校坚持花艺文化传承与世界技能大赛花艺项目的大赛相对接,打造出独一无二的生态花艺文化特色,在全国有着很强的影响力。

世界技能大赛花艺项目是指根据花艺设计的构图、色彩理论、设计理念和技艺,合理选择运用植物以及植物器官(花、叶、果、枝等)和装饰材料,正确使用工具对植物进行再加工和养护,设计制作花艺作品的竞赛项目。比赛中对选手的技能要求主要包括:空间构成能力、色彩运用能力、创意能力和精湛的材料运用能力。4 天比赛日程,需在规定时间里按照试题要求完成 8~9 个花艺作品,其中包括不少于 4 个抽选项目。

2010 年至今,我校多次举办承办花艺省级及全国性花艺赛事,积累了非常丰富的办赛经验,并转化为各种文化资源,为湖北省花艺行业的发展"推波助澜"。2016 年至今,我校以世赛为契机,广泛开展国内外专家技术交流,先后与德国、新西兰、韩国、中国台湾地区世赛花艺项目专家、教练进行技术交流与学习,促进了师生的技能水平,先后派教师参加人力资源和社会保障部组织的世赛高峰培训;世赛专家、教练能力提升培训班等,及时掌握了花艺项目世赛的最新规则及发展动态,形成了湖北省乃至全国创新的世赛花艺文化,并对整个花艺行业产生深远的影响。

学校参加的各类比赛成绩突出,学生潘沈涵获第44届世界技能大赛花艺项目金牌、徐薇获第44届世界技能大赛花艺项目全国选拔赛第二名、吴文霖获第44届世界技能大赛花艺项目全国选拔赛第三名、陆亦炜获第45届世界技能大赛花艺项目金牌、胡小晗获第45届世界技能大赛花艺项目全国选拔赛第五名、吴志恒获第45届世界技能大赛花艺项目全国选拔赛第七名。

图 3.70　第 44 届世界技能大赛花艺项目中国集训基地

图 3.71　第 45 届世界技能大赛花艺项目中国集训基地

我校作为第44、45届世界技能大赛花艺项目中国集训基地、湖北省集训基地,第44、45、46届连续三届世赛花艺项目湖北省选拔赛承办单位,第45届世界技能大赛突出贡献单位,圆满完成了各项集训任务,为花艺项目连续两年勇夺世界技能大赛金牌作出了突出的贡献。

表 3.3　教师获奖统计表

序号	时间	赛项名称	参赛教师	成绩
1	2018年6月	第五届中国杯插花花艺大赛(郑州预选赛)	吴文霖	亚军(第二名)
2	2018年11月	中国首届琴台杯插花花艺大赛	张梦	铜奖
3	2018年11月	中国首届琴台杯插花花艺大赛	徐晓婷	铜奖

续表

序号	时间	赛项名称	参赛教师	成绩
4	2019年6月	湖北红圃杯插花花艺大赛	徐晓婷	第一名
5	2019年8月	北京世界园艺博览会插花展干花作品	张华香	金奖
6	2019年8月	北京世界园艺博览会插花展中国传统插花篮作品	张华香	金奖
7	2019年8月	北京世界园艺博览会插花展中国现代花艺	吴文霖	铜奖
8	2019年8月	北京世界园艺博览会插花展（压花）	李小雨	银奖
9	2019年11月	第五届中国杯插花花艺大赛总决赛	程新宗 吴文霖	全国20强
10	2020年10月	2020年全国行业职业技能竞赛全国插花花艺职业技能竞赛初赛	吴文霖	一等奖
11	2020年10月	2020年全国行业职业技能竞赛全国插花花艺职业技能竞赛初赛	程新宗	一等奖
12	2020年11月	2020年全国行业职业技能竞赛全国插花花艺职业技能竞赛复赛	吴文霖	一等奖
13	2020年11月	2020年全国行业职业技能竞赛全国插花花艺职业技能竞赛复赛	程新宗	一等奖
14	2020年12月	2020年全国行业职业技能竞赛全国插花花艺职业技能竞赛总决赛	吴文霖	一等奖
15	2020年12月	2020年全国行业职业技能竞赛全国插花花艺职业技能竞赛总决赛	程新宗	二等奖

表3.4 学生获奖统计表

序号	项目名称（全称）	级别	获奖等级	获奖日期
1	中国技能大赛——湖北省第二届插花花艺比赛	省级	第1、2、3名	2016年6月
2	第44届世界技能大赛花艺项目国家队一阶段十进五选拔赛	国家级	第3、5名	2017年1月
3	湖北省第二届花店零售交流会高校学生组花束比赛	省级	一等奖2个	2017年7月

续表

序 号	项目名称(全称)	级 别	获奖等级	获奖日期
4	第45届世界技能大赛花艺项目湖北省选拔赛(预选赛)	省级	一等奖1个、二等奖3个	2017年11月
5	第45届世界技能大赛花艺项目湖北省选拔赛(总决赛)	省级	第1、2、3名	2018年5月
6	第45届世界技能大赛花艺项目武汉市选拔赛	市级	一等奖2个、二等奖1个	2019年6月
7	2019年湖北省第五届插花花艺大赛	省级	一等奖2个	2019年12月
8	第46届世界技能大赛花艺项目湖北省选拔赛	省级	一等奖1个、二等奖2个、三等奖1个	2020年8月
9	2020年全国行业职业技能竞赛全国插花花艺职业技能竞赛初赛	国家级	一等奖1个、二等奖3个、三等奖1个	2020年10月
10	2020年全国行业职业技能竞赛全国插花花艺职业技能竞赛复赛	国家级	一等奖1个、二等奖3个、三等奖1个	2020年11月
11	2020年全国行业职业技能竞赛全国插花花艺职业技能竞赛总决赛	国家级	一等奖1个、二等奖3个	2020年12月

三、木艺文化

(一)木艺的文化内涵

在人类的发展长河中,木器的使用,也是历史悠久、延续至今。可以说,自从有了人类,也就有了木匠,就有了木工艺术。中国自古以来对于木材的运用就堪称惊艳,从恢宏大气的木结构古建筑,到古香古色的木质家具,再到小巧精致的木艺饰品,无一不体现古人对于木材工艺的掌控,其中榫卯技术更是神乎其技,是传承了千年的智慧结晶。

木艺是中华传统文化的重要元素,这些华丽、古朴的美让人感到震撼。经过几千年的传承和发展,木工艺术与人们的生活息息相关,在生活用品、生产工具、景观建筑等领域应用广泛,并且留下了榫卯结构、斗拱结构、木雕工艺品、明代家具等众多的传世之作。

所谓的木工艺术就是以木材为原料,使用铲子、刨子、曲尺、墨斗等工具,用锯、刨、削、切、钉等多种修饰手法,经过反复研究、艺术加工创造而形成的木制产品。因材施艺,因物象形,木艺工匠大师们在尊重自然造物的基础上,往往能够创作出抒发艺术情感的木艺瑰宝。木工艺术的形成是继承了历代的工艺传统并有所创新发展,具有独特的风格特色和时代特点,代表着中华民族灿烂、悠久的艺术和文化传统。

木艺一直是中国传统文化的传播载体,中国文化讲究阴阳调和,老子所谓"万物负阴而抱阳,冲气以为和"。古人建造房子,最为关注的是空间的背负与怀抱,以及阴阳的和谐,从北京故宫的建筑名称上就可以看出来,如前三殿太和、中和、保和,"后三宫"乾清、交泰、坤宁,如颐和园,其名称意义都象征着阴阳和合。中国风水术,也是围绕阴阳和合建立起来的。同样是为了阴阳和合,在性能上表现阴阳适中的"木",就是最好的建筑材料。另外,木材本身具有很高的美学价值,色泽、纹路变化多样,从古至今就有"木贵于金"的说法,如久负盛名的乌木、黄花梨、紫檀等,产量稀少,颜色浓郁,木质木纹柔美,所以,自古以来中国人就偏爱含蓄和谐的"木结构"。

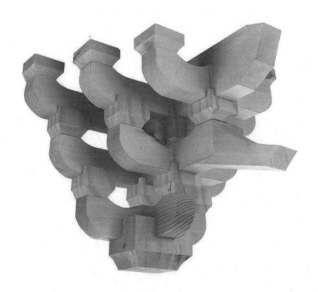

图 3.72　斗拱

图 3.73　传统木雕

图 3.74 古屋木雕

说到"木结构",那么不得不提一下传统工艺——木雕。我国的木雕艺术源远流长,发现最早的木雕艺术品是在河姆渡出土的木雕鱼和辽宁新乐出土的木雕鸟,木雕种类纷繁复杂,归纳起来有四大种类:东阳木雕、乐清黄杨木雕、广东金漆木雕、福建龙眼木雕。这四大流派经过数百年的发展,形成各自独特的工艺风格。从无数木雕工艺品的纹饰中,可以深深感受到传统文化和传统习俗的影子。这就是人文美的体现,将文化、工艺和自然融合到一起。

木雕工艺,也不仅仅是局限于只做摆件,在现代它更被运用到屏风、镂空窗花、传统家居中。从古代的雕梁画栋,到如今的现代演绎,都体现了工艺艺术对生活的改造意义,它不仅美观,更符合使用需求,这种不朴素的实用性对现代艺术设计也是有重大的意义。

(二)木艺的时代文化价值

如今,被冰冷的金属和化学工艺包裹的物质越来越多,随着社会的不断发展,当绿色低碳环保的概念被传播到一定的高度时,人们会再次开始寻求自然的东西,木头温和自然的特质得到了越来越多人的喜爱,它让城市建筑、家居装饰具有生命力和亲和力,使我们居住、工作的环境与自然更为协调。在生活节奏越来越快的当下,木艺在舒缓压力等方面也有积极的作用。

随着时代的发展,传统的木工工艺也发生了巨大的变化,机械化、规模化的家具工厂替代了小木工作坊,批量化的木质产品成了社会的主流,机械化的木工产品让传统的木工技艺和木工文化逐渐走向消亡。手工的美,机器永远无法取代;匠人的精神,机器永远无法诠释。世界上的东西没有绝对值,就像自然界没有两片相同的叶子,树木生长的纹理方向是机器无法琢磨的。每一个手工精心雕刻的线条,每一处别出心裁的设计,每一道严密精湛的工艺,木匠总以独有的方式传承木艺文化。

木匠们以匠人的心智,灵巧的双手,辛勤的汗水,为人类创造了美的世界,创造了美的生活和艺术,凝结着世代相传的民族元素和文化基因。因此,新时代对于木工艺术和文化的传承更有必要。

(三)学校木艺文化的传承与发展

学校于1983年开设了木材加工专业,2014年开设了家具设计与制造专业,是湖北省唯一开设该专业的高等院校,数十年来,为湖北家具产业培养了大批制造型高素质技能人才。特别是近年来,乘国家"大力发展职业教育""建设生态文明""弘扬工匠精神"的东风,家具设计与制造专业更是得到了长足的发展,木艺文化在我校真正得到了传承与创新发展。

为响应"弘扬工匠精神,打造技能强国"的号召,我校非常注重木工家具文化传承,广泛开展工匠精神教育。聘请湖北省非物质文化传承人、湖北省工艺美术大师徐海清来我校驻点教学,并建立了湖北省民间工艺美术传承基地、徐海清大师工作室。打造了一支敬业专业、严谨细致的工匠型教师团队;培养了一批爱岗勤奋、敢于创新的行业能手。

图3.75　徐海清大师作品展

1. 建立团队引导文化传承

在我校木艺师资团队中,既有教学经验丰富的专职教师,还有来自企业实践经验丰富的兼职大师,团队涵盖了我省家具领域中高职院校专家及行业优秀大师,且均具有在省级以上技能大赛上进行指导、执裁的经验。教师团队每年都会去企业交流学习,参加国内外大型木艺赛事,便于及时掌握木艺最新的流行趋势,了解不同赛事的评价体系。

其中,团队专家刘谊、程朕老师,是第45届世界技能大赛家具项目湖北省选拔赛专家组长、裁判长,并担任了第45届家具项目国家集训队教练、国赛裁判,其多次作为裁判长、专家组长参加世赛省级选拔赛工作,具有较丰富的世赛工作经验;团队成员杨颖杰、龚泽军等人,曾获第45届国赛队家具项目前3名,具备较强的比赛实战指导能力。团队坚持日常集训,丰富训练内容,把体能训练、心理辅导等融入团队日常建设,不断总结经验、提炼技艺技巧、强化职业岗位本领,加快自我提升,并精心指导学生,在传授技能的同时注重木艺职业精神的文化传承。

近几年,学校加强家具团队的培训培养,多次邀请知名专家来校指导,并委派教师参加行业各级各类比赛,以锤炼教师队伍。

2. 依托平台落实技能文化育人

为保证专业人才培养质量,在满足专业教学的同时,更好地传导技能文化,我校投入近千万专项资金建设木艺实训中心,实训中心分为木工、精细木工、家具制作等3个场地,配备各种先进木工制作设备,共设置有近30个世界技能大赛级的标准工位。

在实训中心,以小班教学为主,通过"师傅带徒弟"的现代师徒制模式落实人才培养。在日

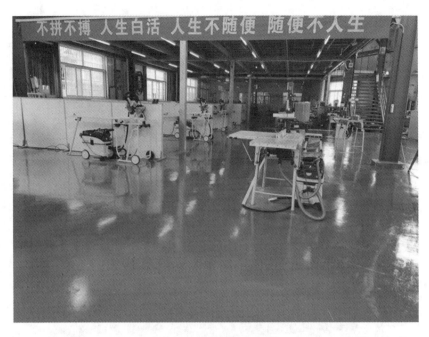

图 3.76　木艺实训中心

常教学和备赛过程中,要求学生身着工装入场,配备安全防护面罩等,按照一人一个工位、一组一个师傅的要求落实,全体学员在入工位前诵读安全工作条例,牢固安全意识,树立良好的职业素养和职业精神。

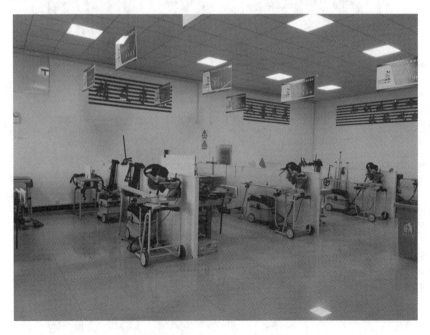

图 3.77　木艺实训中心精细木工区域

图 3.78 木艺实训中心工位分布

图 3.79 学生作品展示

图 3.80 学生实训

此外，实训中心还承担了对外交流展示的功能，每年接受各级领导、高校师生参观交流百余次，充分展示了我校师生的木艺水平，成为我校对外文化交流的主要窗口之一。

3. 以赛促建提高影响力

我校是第45届世界技能大赛家具制作项目、木工项目湖北省集训基地，第46届世界技能大赛家具制作项目、木工项目、精细木工项目湖北省选拔赛承办单位。

近几年，学校在践行"以赛促建"的过程中扎实前进、不断积累，学校师生在各类职业技能大赛中成绩突出。教师杨颖杰荣获第45届世界技能大赛全国选拔赛家具制作项目第二名；教师龚泽军荣获第45届世界技能大赛全国选拔赛木工项目第八名；学生陈逸龙荣获第46届世界技能大赛木工项目第八名；学生常萧阳荣获第46届世界技能大赛全国选拔赛家具制作项目第七名；学生张宇荣获第45届世界技能大赛全国选拔赛精细木工项目优胜奖。

图3.81　第45届世界技能大赛木工项目湖北省集训基地

图3.82　第45届世界技能大赛家具制作项目湖北省集训基地

图 3.83　我校教师荣获第 45 届世界技能大赛全国选拔赛家具制作项目第四名

图 3.84　我校教师荣获第 45 届世界技能大赛全国选拔赛木工项目第八名

图 3.85　我校学生荣获第二届全国职业院校林业技能大赛手工木工制作项目二等奖

随着一个个荣誉和奖励的获得,彰显出学校"以赛促建"加快专业建设和人才培养质量快速提升的功效,学校在行业、社会的影响力得到了不断增强。我校家具制作项目国赛选手高盼同学,于 2020 年 8 月被中央电视台新闻频道、新闻直播间、东方时空和新闻周刊等国家级媒体、栏目轮番报道,中央电视台新闻频道点评为"'木匠女孩'高盼,有匠心有未来",高度肯定了我校技能人才培养质量,社会影响广泛。

图 3.86 中央电视台新闻频道多栏目全方位报道我校技能人才培养

表 3.5 获奖统计表

序号	项目名称	级别	获奖等级	获奖日期
1	第二届全国职业院校林业技能大赛手工木工项目	国家级	二等奖	2017 年 5 月
2	第 45 届世界技能大赛湖北省选拔赛木工项目	省级	第三名	2018 年 7 月
3	第 45 届世界技能大赛湖北省选拔赛家具制作项目	省级	一等奖 3 个、二等奖 2 个	2018 年 7 月
4	第 45 届世界技能大赛湖北省选拔赛木工项目	省级	二等奖 2 个、三等奖 2 个	2018 年 7 月
5	第七届全国高职高校学生木作技艺竞赛	国家级	优秀奖	2018 年 12 月
6	第 45 届世界技能大赛国家队十进五选拔赛木工项目	国家级	第四名	2018 年 12 月
7	第 45 届世界技能大赛国家队十进五选拔赛家具制作项目	国家级	第四名	2018 年 12 月
8	第 45 届世界技能大赛国家队五进一选拔赛木工项目	国家级	第四名	2019 年 3 月
9	第 45 届世界技能大赛国家队五进一选拔赛家具制作项目	国家级	第四名	2019 年 3 月
10	第 46 届世界技能大赛武汉市选拔赛木工项目	市级	二等奖	2019 年 6 月
11	第 46 届世界技能大赛武汉市选拔赛精细木工项目	市级	二等奖	2019 年 7 月
12	第三届全国职业院校林草技能大赛精细木工项目	国家级	三等奖	2019 年 6 月

续表

序 号	项目名称	级 别	获奖等级	获奖日期
13	第46届世界技能大赛武汉市选拔赛家具制作项目	市级	一等奖	2019年6月
14	第46届世界技能大赛武汉市选拔赛精细木工项目	市级	一等奖2个	2019年7月

4. 以兴趣为抓手,弘扬木艺文化

学校在多年的专业比赛中积累了丰富的人才培养经验,为培养更多的木工制作爱好者、传播中华木文化、发现具有潜质的人才,学校成立了"玩木尚志"木艺社。以社团为载体,以实训基地为支撑加强人才培养,加强传统文化在现代大学生群体中的传播。社团活动开展以趣味手工制作、文化熏陶为主,在培养学生业余爱好的同时又能丰富校园文化生活、拓展学生获取新知识的渠道。

社团的成立不仅延伸了学校家具实训基地的发展,还为对木文化和木制作感兴趣的同学提供了一个学习交流的平台。社团以兴趣为吸引力吸纳校内学生、以兴趣为老师培养学生的能力和个人素养,将应试教育培养转变为兴趣拓展、自我发展,成为校园特色专业走向多方面发展的重要途径之一。

图3.87 教师指导木艺爱好学生

四、园艺文化

(一)园艺文化内涵

宋代大画家郭熙说:"山以水为血脉,以草木为毛发……故山得水而活,得草木而华。"园林有了植物,便有了生机。新时代,"山、水、林、田、湖、花草"自然融合,既是一场独具特色的绿色盛宴,也是一次人与自然的心灵对话,启迪人们把园艺与生活有机结合,感受自然之美和园艺之美,共同体验人与自然和谐共生的生态意义与智慧。

图 3.88　兴趣小组组装木艺作品

园艺的起源可追溯到农业发展的早期阶段。考古发掘材料显示,园艺早在石器时代已开始出现。在西方国家,古罗马时期的农业著作中已提到园艺技术,中世纪时期园艺一度衰落,在文艺复兴时期,园艺又在意大利再次兴起并传至欧洲各地。

中国夏商时期农艺和园艺尚无明显分工,秦汉园艺业有很大发展。唐、宋以后,观赏园艺发展迅速,出现了诸如牡丹、芍药、梅和菊花等名贵品种。明、清时期,海运大开,银杏、枇杷、柑橘和白菜、萝卜等先后传向国外,同时也从国外引进了更多的园艺作物。历代在温室培养、果树繁殖和栽培技术、名贵花卉品种的培育以及在园艺事业上与各国进行广泛交流等方面卓有成就。

图 3.89　盆景——松下听涛

(二)园艺文化在学校的传承

园艺装扮生态环境美。园艺不仅展示自然万物之美,更融入了人们的生产生活。让园艺融入自然,让绿色融入生活。

园艺专业作为我校传统优势专业,经过几十年的发展建设,园艺文化不断得到丰富,逐步凝练出具有生态学院特色的文化内涵,技能文化传导到园艺专业、园林技术专业等多个专业。

图 3.90　盆景——回眸迎客

图 3.91　盆景——枝子下山

同时,学校还打造了一支专业技能水平较高的师资团队,在完成既定教学任务的情况下,积极通过网络资源课程、公开课等方式,培养了大批园艺爱好者,成效显著,社会影响明显。

我校的园艺技术注重以实践为主培养学生养花、插花、盆景制作等技能,以形制景、以情制景,强调"虽由人作,宛自天开""源于自然,高于自然"的艺术意境。

老师带领学生一道学花境、布置花境,充分表达植物本身的自然美、色彩美和群体美。养花,装点庭园建筑、居室客厅、办公场所,选茉莉飘香,养兰花凝神,添绿萝融入生机;插花,美化家居环境,丰富日常生活,怡神养性、陶冶情操,给人以欢快之感、温馨之乐;盆景制作,选材精细、造型独特,剪枝、修叶,或圆形,或伞状,或虬枝突兀,有抱石头而起,有小桥流水,花道千变万化,形态极富特色而又自然,神韵十足,美不胜收。

花境带给人的作用,不言自喻,而花境的设计并非易事,绝非乱配。好的设计成果,必须有专业的技能与独特的文化视角,在充分掌握各种花类的属性、季相,不同花类的植根深度、种植床高度、花境排水坡度等知识技能的基础上,更应学会花境色彩搭配、不同花类如何组合更具有观赏价值等,从美学的角度,借助园艺文化的精髓,以娴熟的技能为载体,才能制作出高水平

图 3.92　园艺设计作品

的作品。

师生们通过花境景观现场操作,园艺审美、设计创作和操作技能得到了很大提高,学生具备了植物认知与运用的能力、植物材料生产能力、花境养护管理能力、花境方案设计与落地能力等。在师生的不懈努力下,花艺专业建设质量不断提高。

学校在 2017—2020 年的全国职业院校技能大赛(高职组)"园林景观设计与施工比赛"项目中荣获两个团体一等奖和两个团体二等奖的优异成绩;在第 45 届世界技能大赛湖北省选拔赛上荣获团体第一名、第二名;在第 46 届世界技能大赛湖北省选拔赛上荣获园艺项目一等奖;2020 年在中华人民共和国第一届职业技能大赛荣获优胜奖;在 2020 年全国职业院校技能大赛改革试点赛高职组园艺赛项比赛中荣获团体二等奖,成绩斐然。学校荣获第 44 届、45 届世界技能大赛园艺项目湖北集训基地荣誉。

图 3.93　学校荣获 2020 年全国职业院校技能大赛改革试点赛高职组园艺赛项团体二等奖

图 3.94 中华人民共和国第一届职业技能大赛参赛证书

图 3.95 学校荣获中华人民共和国第一届职业技能大赛优胜奖

图 3.96 徐镇荣获第 46 届世界技能大赛湖北省选拔赛园艺项目比赛一等奖

图 3.97　学校荣获 2019 年全国职业院校技能大赛高职组园林景观设计与施工赛项团体一等奖

图 3.98　学校荣获 2018 年全国职业院校技能大赛高职组园林景观设计与施工赛项团体二等奖

五、其他技艺与传统文化

(一)"杂"艺体验民间文化美

为了高校传承与推广传统技艺,学校与湖北省非物质文化遗产代表性传承人、工艺美术师、民间工艺技能传承大师徐海清先生共同筹建了我省首个高校民间工艺传承基地,进行非物质文化传承。基地建成后,聘请多位工艺大师为客座教授,指导学生学习剪纸、烙画、雕塑、皮影等传统艺术,提升专业技能,传承非物质文化遗产。

1. 剪纸技艺

剪纸技艺在我国已经有一千五百多年的历史了,在古代剪纸技艺就已经相当成熟。隋唐以后,剪纸艺术日趋繁荣。唐代还出现了专门描述剪纸的诗句,《剪彩》中写道"剪彩赠相亲,银钗缀凤真。叶逐金刀出,花随玉指新",描绘出了唐代佳人剪纸的优美动作和剪出的花鸟草虫的美丽效果;到了宋朝,开始出现了剪纸行业和剪纸名家,剪纸逐渐开始普及;明清时代,是剪纸的高峰期。

剪纸是民间艺术的一种,每一种艺术都有自己独特的艺术风格。剪纸艺术是一门"易学"但却"难精"的民间技艺,作品大多出于乡村妇女和民间艺人之手,由于他(她)们以现实生活中的见闻事物作题材,对物象观察,全以纯朴的感情与直觉的印象为基础,形成了剪纸艺术浑厚、单纯、简洁、明快的特殊风格,反映了农民那种朴实无华的精神。

剪纸艺术作为一种民俗文化,在历史的发展过程中具有深刻的人文底蕴,其文化价值也越来越受重视。它所表现出的形式特点体现了对真、善、美的追求和向往,体现了"以人为本、天人合一"的思想观念。剪纸艺术来源于生活,是我国文化的重要载体,是中华文化和几千年来历史积淀的产物。剪纸体现了中国民间美术的造型意识、审美理想和哲学观念,同时也为艺术创作提供了广阔的发展空间,其造型特征、形式美感和率真的感受等,为我们开启了一个丰富多彩、博大深厚的文化基因库。剪纸艺术具有强烈而鲜活的生命力,展现出一种"生命的形式"。

图 3.99　剪纸作品

我校开展剪纸艺术教学不仅可以培养学生的观察能力、动手能力、概括能力、审美能力,还可以陶冶学生的心灵,从而培养学生对传统文化艺术的兴趣和了解。通过一段时间的实践,学生不但对剪纸产生了浓厚的兴趣,掌握了一些剪纸的基本技能技巧,而且更为重要的是,以剪纸为载体,学生的主体性、独立性以及认真、细致等良好的学习习惯都有明显的提高。开展剪纸课程,不但非常符合学生的身心发展需要,而且可以培养学生的爱国主义精神,拯救濒临失传的艺术,更能为传统艺术提供一种新的发展机会。

2. 皮影技艺

皮影俗称"灯影",它以兽皮雕刻人物和其他图形并借助灯光在屏幕上投影,是我国民间流传较广的傀儡戏之一。

皮影艺术是将戏曲艺术之美与工艺制作之妙巧妙结合的艺术种类。中国皮影艺术具有历史悠久、演技奇妙、唱腔悠扬的独特魅力。数千年来,这枝民间戏曲艺术奇葩经过漫长的历史雕琢和众多皮影艺术家的提炼,已经发展成为中华民族传统文化的瑰宝。

皮影是一种结合了戏剧、音乐、美术、绘画、雕刻等多种艺术手段的表演艺术形式,有着悠久的历史。据考证,皮影戏起源于宋代,并受到古代弄影幻术、影子游戏、民间剪纸、宋代说话词本等多方面的影响。皮影戏形成于古代中原地区,最早是面向宫廷贵族表演的艺术形式,然后才慢慢流传到民间,融入乡土气息,成为广大群众非常喜欢的艺术形式之一。北宋末年,金兵攻陷汴京之后,一部分影戏艺人迁移到北方,一部分影戏艺人避靖康之乱西出潼关,演变为陕西皮影,陕西皮影不仅有着黄河流域民俗的文化积淀,而且有着令人震撼的声腔艺术魅力。

学校成立了"问津生态皮影艺术团",将皮影艺术引进课堂,不仅使非物质文化资源得以保护和传承,而且也为皮影艺术自身发展提供了新的空间。皮影艺术因其涉及诸多艺术门类的综合性艺术特点,使课程内容获得极大丰富。又因其复杂的制作工艺和必需的团队协作精神,可以使学生在认知、大动作、精细动作、语言沟通、社会交往和适应能力等刺激领域得到全面优化,于教学过程中激发学生潜能,使学生形成基本的审美价值和艺术修养,提升学生感知能力、形象思维和抽象思维能力、语言表达和动手能力。

图 3.100　皮影技艺传承

图 3.101　皮影技艺教学

运用皮影这一传统艺术媒介使学生充分发挥想象、创造能力,在继承传统工艺和人文精神的同时树立自信心,获得健康人格并逐步形成热爱祖国传统文化的价值观,为培养技术技能型人才奠定基础。

3. 雕塑工艺

把无生命的物品赋予生命,这是美的升华。

木雕、泥雕都是雕塑的一种门类,它们有着明显的材质、工艺等方面的差别。泥雕就是油泥雕刻,是进行外观创造的一个过程。木雕是结合利用木材的特性,从原始材料的形态属性中挖掘出美的要素,以充分体现木头的趣味和材质之美。雕塑在中国具有悠久的历史传统和强烈的民族传统色彩,人们用自己的聪明智慧、灵巧的双手创造出了许多精美的作品。传统的雕

图 3.102 "问津生态皮影艺术团"送文化下乡

塑具有工艺造型凝练、刀法熟练流畅、线条清晰明快的特点,不管处在哪个历史时期,始终都融合着具有灵性的传统文化之本源,以此来表达各种不同的寓意,诉说不同的情感世界。

中国雕塑历史源远流长,明、清时期传统雕塑工艺已非常成熟和精湛,主题也拓展到了生活风俗、神话故事和吉祥花卉等题材上,并在建筑、家具和日常用品等领域广泛使用。雕塑艺术的发展是社会经济的反映,是一定思想文化的具体化。作品的不断出现以及题材类型的不断丰富,蕴含着重要的时代文化意义,是老百姓行为准则、价值观念、生活水平、社会面貌等的真实写照。

学校建有工艺美术馆,将雕塑艺术纳入日常教学实训,并邀请湖北省非物质文化遗产传承人徐海清大师担任指导教师,传承和发扬传统文化艺术,重在让学生掌握雕塑的基本技法,增加人文内涵的给养灌溉,通过丰富的题材、精湛的雕工、鲜明的主题等,将道德观、价值观、人生观融入具体的技能教学与创作中,再现现实生活的本质,培养学生的人文关怀精神和工匠精神。

图 3.103　学生泥塑作品

图 3.104　学生泥塑比赛

"艺术源于生活,回馈生活"。学校在充分借用中华优秀传统文化在高校传承的同时,融入新的生态理念,积极优化文化传导模式、拓展文化育人途径,努力向社会传导优秀传统技艺文化的感染力。

(二)传统文化活动美化校园

学校坚持立德树人育人宗旨,将中华优秀传统文化融入学生日常思想政治教育中。通过传统汉民族仪典来传播中华传统文化,唤起莘莘学子强烈的民族自豪感,并肩负起成人的社会责任,完成由"孺子"向"成人"的角色转变,这也是我校积极响应党的十九大号召,深入学习习总书记讲话精神,将中华文化、传统文化教育常态化、规范化的一个重要标志。

1. 生态学子成人礼

"生态学子成人礼"自 2016 年启动以来,早已成为我校一张靓丽的文化名片,为宣传校园人文建设,打造富有人文底蕴的院校文化,树立了成功的典范。

每一个民族或国家都有属于自己特色的成人礼,作为年轻人一生中最重要的仪式之一,"成人礼"不仅是成长的见证,更是宣告成人,开始承担社会责任的象征,是民族文化与民族精神传承的重要体现。"少年强,则中国强"。当今,传承中华优秀传统文化、弘扬民族精神、凝聚中国力量,首先应该从青少年抓起。

参加成人礼的学子代表有八个方队,在司仪的号令下,学子身着红黑汉服有序入场,沃盥、男加冠、女笄笄、敬醴酒、恩师劝勉授印、礼谢恩师。一气呵成,场面恢宏、气势庄严,正所谓"及笄勿忘豆蔻女,加冠正值少年郎"。

以成人礼活动开启学校"传统文化宣传月"系列活动,弘扬尊老爱幼、感恩至孝等中华优秀传统道德文化。成人礼活动的开展在全校师生乃至整个华中地区高校中产生了极大的反响,师生们津津乐道,学子们积极向往,甚至已经走入工作岗位的毕业生,也无不对母校每年举办的这场文化盛事满怀自豪。

我校在 2021 年"全国职业院校中华文明礼仪展演"比赛中,脱胎于"生态学子成人礼"的《礼拜先贤拜师礼》节目在全国各个职业院校选送的 200 多个节目中脱颖而出,最终斩获了一等奖和最佳组织奖。生态师生团结一致、齐心协力、精心排练,在比赛中真实还原了古制拜师礼仪典法、中华优秀传统文化的精华,用实际行动有力地彰显了文化自信。

图 3.105 "生态学子成人礼"合影

图 3.106 生态学子成人礼

图 3.107 启动"传统文化宣传月"

2. 传统婚礼秀

古风古乐,新人新景。一年一度的婚礼秀如约而至。夜幕降临,灯光亮起,司仪引导,新人

图 3.108 参加全国职业院校中华文明礼仪展演

行礼,一切都与现代化的校园形成了鲜明的对比。

与专业建设相结合,我校自2014年起每年以婚礼秀(婚庆实景演出)的形式全面展现我院婚庆服务与管理专业(传媒策划与管理专业)综合技能和人才培养成果。婚礼秀作为婚庆服务与管理专业综合实训技能展示,全方位考核学生婚礼场景设计、婚礼策划方案制作、现场执行、婚礼主持、化妆造型、摄影摄像和后期制作等多个岗位技能掌握和运用情况,锻炼学生统筹协调能力。活动与就业推荐相结合,邀请行业专家担任指导老师,邀请行业单位观摩活动并选拔合适人才,提前完成供需双选。

其中,以汉服婚典为代表的"和兮"婚礼秀,带你一秒穿越、梦回汉朝盛世,泱泱大中华,上下五千年,素来以和为贵,"和"字就已经成为中华儿女心目中家国圆满、生活幸福的象征;"兮"乃是古汉语中重要的语气词,一字一叹,意蕴悠长。在婚礼秀中,还增加了古风舞蹈、特色民族服装展示、茶艺歌舞表演等环节,使整场演出更加丰富地呈现了中华传统文化的独特魅力。通过每届学生带来的不同婚礼秀,充分展示学生综合素质,获得校内外好评,很多用人单位通过婚礼秀了解学生综合素质。

图 3.109 "芊秋有你"婚礼秀

图 3.110 "和兮"婚礼秀

学校坚持以技能强人、文化育人的思想,立足专业建设,强化职业技能训练、凝练技能文化,每年积极组织开展职业教育活动周,向社会集中展现人才培养成效,展示技能文化特色。学校的职业教育活动周极具生态特色,活动的开展在规格上与市赛、省赛看齐,在质量上与行业发展、岗位需求对标,在影响上与产业振兴同频,促进了学校产教融合、校企合作的建设步伐,加快了生态技能文化的积淀。

图 3.111 2021 年武汉市职业院校技能大赛暨职业教育活动周开幕式

图 3.112 "五艺"进校园活动

第四节 社团文化

大学生社团是大学校园文化建设的重要阵地,对广大团员青年知识、技能、能力的塑造和思想道德素质的培养有着重要的作用,还是学校高水平应用型大学建设和创新型人才培养的重要载体。

参与学生社团活动,成为广大青年学生丰富校园生活,培养兴趣爱好,扩大求知领域,丰富内心世界的重要方式。以社团文化节的举办为契机,更多大学生能够参与到丰富多彩的社团活动中来,拓展专业知识,砥砺思想情操,提高综合素养,在参与社团活动中播种激情和希望,收获成功和喜悦。

社团文化活动涉及公益、体育、文艺、学术科技、社会实践等各个领域,极大繁荣了校园文化,丰富了广大师生的课余生活,彰显了生态学子的青春活力。

一、社团概况

大学学生社团是学生自愿组成,为实现会员共同意愿,按照其章程开展活动的群团组织。大学生社团是青年大学生以相同或相近的兴趣、爱好、特长、信念、观点或自身需要为基础而自发组成的自愿型团体。它是高校校园文化建设的重要载体,是高校第二课堂的重要组成部分,是大学生思想政治教育的重要渠道。

我校大学生社团管理部是在校党委领导下,由校团委直接指导的管理社团工作、服务社团发展的校级学生组织。其代表全校所有学生社团的合法利益与意志,表达和维护各社团正当利益,是社团与社团、社团与学校、社团与社会之间的桥梁和纽带。社团管理部扎根于各个社团,本着立足于社团、服务于会员的精神,发扬民主,协调管理。同时,社团管理部依法监督和管理各个学生社团,组织并指导开展健康向上、丰富多彩的校园文化活动和社会实践活动,使社团真正做到为同学、为学校、为社会服务。

社团管理部以"丰富校园生活,拓展大学生综合素质"为宗旨,充分发挥学校联系社团的桥梁和纽带作用,本着"管理社团、服务社团、引导社团、建设社团"的理念,负责管理与服务全校现有的 36 个社团,组织并审批社团活动,加强社团文化建设,提升社团活动质量。

1. 瑜伽协会

该协会成立于 2010 年 9 月,秉承"怡然瑜伽,愈加美丽"的宗旨,培养学生的兴趣爱好,增强学生的身体素质,提升学生的外在气质与内在修养。通过练习瑜伽的冥想、体位、呼吸、放松四个基本要素,使学生们的身心都能得到很好的改变。冥想可以减轻学习和生活中的压力;呼吸的调整可以使身心放松;体位法练习可以拥有匀称、修长的身材;放松练习可以缓解肌肉疲劳,使精神得到调整。与花山同呼吸,融入大自然。

图 3.113　在形体室做瑜伽练习

2. 巧手 DIY 协会

巧手 DIY 协会是学校历史悠久的社团之一。社团以提高学生综合素质,积极探索实施素质教育新途径,繁荣校园文化生活为目标,结合学校开设专业,把绘画艺术、书法艺术、手工艺术、民间艺术有机地融于一体,通过多种培训方式,手工制作成品,实现"文化实践,创新交流"。在教师指导下,学生发挥自己的想象力和创造力,使用生活中接触到的自然物和废旧物,对各种材料进行加工、改造、制作等,从而在"动手做"中习得知识,培养学生健康的审美情趣和创新精神,提高学生的审美和动手能力,拓展学生的艺术视野。社团还积极挖掘地域性民间艺术资源,继承和弘扬传统文化。

3. 阳光心理协会

该协会成立于 2008 年 5 月,秉承"放飞心中的风筝,给心理一片晴空"的宗旨,旨在增强学生的心理健康意识,不断促进学生健全人格的塑造。通过积极组织培训讲座,让社员掌握对他人进行沟通辅导的技能技巧,为学生提供展示自我的平台,让每一位同学都能享受到最轻松、最愉悦的灿烂心情。

4. 晨曦书法协会

该协会成立于2004年5月,以传承中华民族优秀传统文化,提高社员书法水平,活跃校园文化为目标,培养了许多书法爱好者,为同学们提供了一个学习和展示自我的平台,历年来备受广大师生喜爱。经过不断努力,学校形成了良好的书法学习氛围,每年协会都组织开展师生书法作品展示活动,为广大师生津津乐道。一支笔、一张纸、一瓶香墨,渲染出一幅幅古色古香的书卷,让人在字里行间体会传统书法的古典韵味。

5. 紫茗茶艺社

该社团成立于2017年9月,依托专业建设面向在校大学生,传承茶文化,丰富校园文化生活,陶冶学生情操,从洗茶、冲茶、泡茶、敬茶等环节开始,把文字知识变为实实在在的手艺成果,让更多的人学习茶道、了解茶历史、热爱茶文化。茶艺社以其独特的优势,不仅可以作为同学们的学习园地,还可以营造良好的文化氛围,丰富和发展同学们的兴趣、爱好和特长,拓宽同学们的视野,从而全面地提高个人素质,让同学们从茶中品味生活,了解中华优秀传统文化。

6. 花草堂压花社

压花艺术是利用植物的标本为材料,经过构思粘贴成压花画的一门艺术。该社团成立于2008年5月,秉承"源于自然,运用自然,表达自然"思想,以生态为材压制标本,并构思成画的工艺主线,融入园艺专业建设,培养更多的压花爱好者,把文化艺术与生活密切结合,点缀身边环境,营造舒缓、美丽的心情。

7. 跑步爱好者协会

跑步爱好者协会简称"跑协",成立于2014年,是由一群热爱跑步、积极向上、崇尚健康的学生发起创立。协会以"跑出快乐,跑出精彩"为主题,致力于为广大热爱跑步的同学搭建一个交流的平台,引导同学们在参与长跑的过程中,强健体魄,培养不断开拓进取的精神。跑步是一种非常好的有氧运动,长期坚持跑步,人的精神和气质会有显著的变化,身体会更健康,人会变得更加自信。社团每周开展有氧跑步、环山跑步、山地跑步,带领跑步爱好者们亲近自然,科学锻炼。

8. 花卉与盆景协会

该协会成立于2006年5月,致力于丰富学生课余生活,培养学生们对植物知识的兴趣,提高动手能力和花卉欣赏水平,增强实践性,促进校园文化建设。社团会在每周举行观花活动、种植教学等,拓展社员们的课外兴趣,增加花文化知识。同时涉及一些与花有关的手工制作,装饰居住环境,使学生们的课外生活更加绚丽多彩。在学习之余,通过花让学生们的心情放松,更加开朗,更有朝气与活力。同时协会充分依托我校园艺以及林业、园林专业特色,以拥有的硬件设施为保障,在相关专业老师的支持和指导下,为提高同学们的学习积极性,为增强同学们的动手操作能力,提供更多将理论运用于实际的机会。让学生增长知识,锻炼能力,培养情趣,丰富同学们的课余文化生活。

9. 足之力足球协会

该协会成立于2010年3月,以提高学生综合素质,积极探索实施素质教育新途径,繁荣校园文化生活为己任。社团每周都举办足球比赛,丰富校园生活,强健体魄,在专业教师的培训指导下,队员们的足球水平得到快速提高,足球社积极参加校外各类比赛,在为学校取得荣誉的同时,也强化了队员们奋勇拼搏、永不服输的精神和毅力,帮助学生在日常生活中养成做事

图 3.114　跑步爱好者协会成员参加马拉松赛

专注、认真、仔细、耐心的良好品质。

10. 创业与就业者协会

该协会成立于 2012 年,通过为在校大学生教授有关创业与就业方面的知识,旨在激发同学们的就业、创业积极性,提升我校大学生的综合素质与就业、创业竞争力。协会每年组织开展创业沙龙、创业拓展、校际创业交流会、校园模拟创业大赛等活动,帮助大学生通过多种方式落实创新创业实践活动,提前接触社会,感知社会,为将来就业创业打下良好的基础。创业与就业者协会不仅是学校开展素质教育的有效载体,同时也是推进高校创新创业氛围培育的重要平台,极大地推动了学生创业实践与创新意识的发展,营造了良好的校园创新创业氛围。

11. 演讲与朗诵协会

演讲与朗诵协会是书香校园建设的重要阵地。用演讲、朗诵传颂经典,宣传时代楷模,从富有磁性的音质中感悟沉思,从抑扬顿挫的语调中燃起激情,体会汉语言的艺术和魅力,从先哲经典中汲取精神养分,培植良好的道德情操,丰富校园文化内涵。协会以口才基本功训练为基础,以语言技巧为依托,通过讲、读、诵等专门的语言训练,从不敢说到敢说、从敢说到会说、到能说,逐步提升大学生的沟通与表达能力,让学生拥有温文尔雅的非凡气质。

此外,还有问津生态皮影艺术团、大学生记者团、志愿者协会、生态影评社、NT 舞蹈协会、SPEshow 音乐协会、风云武术协会、MP 魔术协会、罗曼史吉他社、梦飞轮自行车协会、掌控者电子竞技协会、羽林羽毛球协会、文明礼仪社、掠影摄影协会、雅韵轩汉服协会、POP 滑板协会、魔方协会、飞旋乒乓球社、话出青春表演社、留痕美术社、生态锐力篮球社、英语协会、岚淼环保协会、玩木尚志木艺社、CAF 动漫协会、旋风轮滑社等学生社团组织。在同一个校园,生态学子因不同的爱好融入了各个社团,他们用汗水积就喜悦,用勤劳拥有收获。

二、文化建设

(一)以公益为龙头,培养学生社会服务意识

加强志愿服务,进一步服务社会。近年来,学校组织学生积极开展红十字会志愿服务、无

图 3.115　荣获第二届湖北省大学生红色经典阅读大赛三等奖、最佳组织奖

偿献血志愿者服务、社区青年志愿者服务、军运会志愿者服务、汉马赛志愿者服务、"晨曦工程"志愿者服务、园林博览会志愿者服务、创建文明卫生城市志愿者服务、生态文明进校园志愿者服务、"五艺"走进中小学志愿者服务、公共卫生清洁行动、慰问周边社区贫困户等内容丰富、形式多样的公益志愿服务活动。广大青年学生在指导老师的带领下,在校团委的大力支持下,在各二级学院、职能部门和学生组织的大力协助下,投身于各类公益活动,不怕辛苦、积极奉献,用实际行动谱写了生态学子们的大爱篇章。

图 3.116　志愿者进社区开展送绿植服务

图 3.117　志愿者进社区开展健康服务

(二)以红色教育为抓手,推进大学生思想政治教育

以党史学习教育为主线,弘扬爱国主义精神,推进理想信念教育常态化、制度化。弘扬主旋律,开展爱国主义教育、红色革命教育、传统教育、感恩教育等一系列活动和主题教育,以满足学生诉求,促进学生全面发展。在坚持开展每周一次升国旗、国旗下讲话活动的同时,先后组织开展"传承革命星火,聆听革命故事"党史学习红色经典主题演讲、"重走长征路,筑梦复前行"环山绿道长跑活动、"青春心向党 放歌新征程"五四合唱比赛、"筑梦大生态,启航新征程"毕业典礼、"奋斗百年路 启航新征程"庆祝建党 100 周年晚会等。

(三)以文娱活动为纽带,丰富大学生第二课堂

文艺活动是校园文化最直接的体现,在我校 30 多个社团的组织带领下,各类文娱活动的开展更是如火如荼。学校每年组织开展生态学委之星、矛盾杯辩论赛、金话筒主持人大赛、迎新杯篮球赛、社团文化艺术节、社团嘉年华、生态学子成人礼等文娱活动,还在各个节庆日组织开展女生节、雷锋日、植树节、五四合唱比赛、环保日、毕业生晚会、迎新晚会、秋季运动会等活动。通过积极发挥学生社团的活跃因子,开展丰富多彩的文娱活动,丰富和提升第二课堂活力,营造浓厚的校园文艺氛围,提高文化育人的成效。

三、建设成效

积极鼓励社团参与各类科技文体类评选和竞赛活动,经过不懈努力,各个社团取得可喜成绩,提高了学校的知名度和美誉度,丰富了有生态特色的素质教育内涵。仅 2019 年,CAF 动漫协会荣获 CGF 中国游戏节华中区最佳人气动漫社团第三名、旋风轮滑社荣获"武汉市大学生轮滑锦标赛"优秀社团、掌控者电子竞技协会荣获全国高校联赛湖北赛区亚军、风云武术协会荣获龙鼎杯国际双节棍王挑战赛团体第三名等 30 余项次荣誉和奖励。在 2020 年,受其他因素影响,在各社团参加活动项次减少的情况下,花草堂压花社在第四节中国绿化博览会插画花艺竞赛艺术展览组荣获铜奖;跑步爱好者协会曾在武昌超级马拉松线上跑比赛中获得完赛奖;演讲与朗诵协会在第二届湖北大学生红色经典阅读大赛中获得三等奖、最佳组织奖;掌控者电子竞技协会在第七届王者荣耀高校联赛中获得冠军、亚军,在 XPL 新世界百货王者争霸赛中获得冠军等荣誉。在 2021 年以"奋斗·创新·奉献"为主题的全国第六届大学生艺术展

演活动中,我校学子胡定坤同学创作的摄影作品《当代老人》获艺术作品类全国二等奖;青年志愿者协会"植物医生"项目荣获 2021 年度"江夏微光"志愿服务项目三等奖。

此外,我校王志伟同学入选 2020 年"西部计划志愿者",赴湖北省恩施土家族苗族自治州咸丰县开展为期 1 至 3 年的基层志愿服务工作;2018 年、2019 年学校志愿者帮扶项目连续被武汉市评为"最佳志愿服务项目";2016 年荣获"琴台知音杯"第十一届湖北校园金话筒大赛最佳组织奖;2017 年、2018 年连续荣获湖北省直机关五四红旗团委称号;2017 年,在第十三届湖北省"楚风杯"大学生书画大赛暨第三十二届全国大学生樱花笔会大赛中荣获硬笔组三等奖、在湖北省大学生羽毛球锦标赛中荣获女子团体第二名;2016 年荣获第十届湖北校园金话筒大赛优秀组织奖。

学生社团对加强学生思想政治教育、提高素质教育、推动校园文化建设具有重要意义。强化社团建设,体现具体时代特征和学校特殊的校园文化,发挥文化育人的功能,通过开展丰富多彩的科技、体育、艺术和娱乐活动,把德育与智育、体育、美育和劳动育人有机结合起来,寓教育于文化活动之中,践行"三全育人"和"五个思政",打造出内容丰富、形式多样、特色鲜明的生态社团文化和校园文化体系。

■ 导 读 ■

在大学里成长

这将是一个值得纪念的经过。
你心怀憧憬与兴奋,叩开了生态的大门。
或许,是在入校伊始,便被那满山的翠绿所吸引;
或许,是在接过行李的那一瞬间,便被学长们的热情所感染。
这一刻,你已经步入了人生的又一座殿堂,
一座接受生态理念熏陶与精神洗礼的殿堂。
于是,你怀着绿色的梦,义无反顾投入到了生态的怀抱。
掰着手指,从大一数起,一路将这样走过,
褪去入校时的羞涩,缓步在林荫小道;
淡去的是军训中挥洒的汗水、运动场上的奋起拼搏;
难忘技能实训的严格与辛苦,赛场上的争分夺秒。
你在经历中成长,你在学习中成才!
一个画面,一块板报,一个笑容,一个转身逝去却又熟悉的背影……
人生如梦,岁月如梭。
三年的大学时光,有付出的汗水,亦有收获的欢歌。
从今日展望未来,用未来规划好今天的每一个时刻。
生态,一个让你骄傲的历史节点,
是过去的告别,是新生活的开始。

第四章 校园生活与成长

第一节 学 会 学 习

在自然界,鸟儿要学会更高技能的飞翔才能拥有更高远的天空,鱼儿要有更高超的游技才能拥有更深蓝的大海。虽然有的时候偏向于认为飞翔和游泳是鸟和鱼儿的天生遗传,但从老鹰学会飞翔,老虎学会捕食,看出还是需要后天的强化学习。学习是终身的过程。学习很重要,学会学习更重要。学会学习是我们能做到的最基础、最重要的终身技能。联合国教科文组织在《教育——财富蕴藏其中》这一文献中指出:21世纪的学习者应该学会学习,终身学习是21世纪的通行证。

人从出生到死亡学习从未间断,从牙牙学语开始慢慢通过学习,从而了解这个世界。学习作为一种获取知识交流情感的方式,已经成为人们日常生活中不可缺少的一项重要的内容,尤其是在21世纪这个知识经济时代,学习已是人们不断满足自身需要、充实原有知识结构、获取有价值信息,并最终取得成功的法宝。

一、明确目标,终身学习

目标对人生有巨大的导向性作用。成功在一开始仅仅是一个选择,你选择什么样的目标,就会有什么样的成就,也就会有什么样的人生。在学习的过程中,一旦制定了一个目标,就会从内心深处产生一种力量,努力朝着所定的目标前进。目标,是一种希望,在希望的激发之下,人才会不断地追求进步向上。所以,在学习的过程中,就需要设立非常明确的目标。

有了目标,就要列出计划来实施。首先,要让自己知道每天、每周、每月的安排,知道每天具体应该干些什么。把自己学习和生活的计划列出来,做到自己心中有谱。

案例4-1

梁灏是五代时期的人,却是宋太宗时期的状元郎。他从五代后晋天福三年(938年)起就不断地进京应试,历经后汉和后周两个短命朝代。虽然屡试不中,但他毫不在意,总是自我解嘲地说:"考一次,我就离状元近了一步。"直到宋太宗雍熙二年(985年),他才考中进士,被钦点为状元。他一共考了四十七年,参加会试四十场,中状元时已经是满头白发的老翁了。在大殿上,宋太宗问他的年纪,他自称:"皓首穷经,少伏生八岁;青云得路,多太公二年。"言明自己是八十二岁了。短短两句话，包含了多少考场上的艰苦和辛酸！

图 4.1 梁灏画像

感悟 梁灏八十二岁中状元是那个时代的悲哀，因为他生逢五代乱世，人生坎坷在所难免。但他的那种坚忍不拔的精神却是极为可贵的。在求学路上，如果人人都像梁灏那样孜孜不倦，为达到目标不惜追求到须发皆白，那么，即便最后不能功成名就，至少可以满腹经纶垂名后世。这种坚毅的求学精神值得每个人称颂和学习。大器晚成的故事告诉青少年：学习不在于年龄，人的一生是一个不断学习、不断完善的过程，只要正确对待，持之以恒，就能达到你的目标，实现自己的理想。

二、敢于克服难题

不论是什么人，在学习的过程中都会遇到困难。学习最好的学生也会遇到困难。对待困难的关键，不在于困难本身，而在于如何面对困难，解决困难。

学习活动不仅靠智力，也靠意志和积极的情感。兴趣是"最好的老师"。长期面对比较困难的问题，就要靠学习热情、信心、意志来支撑，克服了困难，也就有了兴趣。那些意志薄弱、态度消极的人无论多么聪明都不会成为成绩优秀的人。

积极的情感能使人保持最好的学习状态。积极的情感一般表现在两个方面：一是在学习过程中保持良好的状态和快乐的心境，上课认真听讲，课后认真完成作业，每听一节课或做一道题都有一种成就感、成功感；二是在遇到困难的时候保持乐观的情绪。能正视困难，知道自己是为克服困难而学习。

意志是学习的"底线"。多数情况下，人遇到临时不能克服的困难时会产生沮丧情绪，而不会有快乐的感觉。这时，就需要意志的支持。但许多人因为缺乏意志力，学习上遇到的困难多了就自暴自弃，心理的堤坝垮塌了，就会导致全盘失败。

案例4—2

陈景润小时候经常和哥哥姐姐一起玩捉迷藏的游戏。不过，陈景润捉迷藏时有点特别。他常拿着一本书，藏在一个别人不容易发现的角落或桌子底下，一边津津有味地看书，一边等着别人来"捉"他。看着看着，他就忘记了别人，而别人也忘记了他。

上学期间，陈景润酷爱数学。当老师讲解数学题时，他总是集中精神认真听讲。课后布置的习题他也认真去做。陈景润在解题的过程中得到了无限乐趣。数学是心智的比试和较量。

陈景润对于解题,向来不吝惜时间和精力。陈景润不懂就问,别看他平时沉默寡言,但向老师请教时却毫不羞涩和胆怯。他的求教方式很特殊:看到老师外出或者老师从高中部到初中部去,他就紧追上去,和老师一起走一段路,并且一边走,一边问问题。

陈景润在福州英华中学读书时,有幸聆听了清华大学沈元教授的课。沈元教授给同学们讲了世界上一道数学难题:"大约在200年前,一位叫哥德巴赫的德国数学家提出'任何一个偶数均可表示成两个素数之和',简称'1+1'的理论。但他一生也没有证明出来,哥德巴赫带着一生的遗憾离开了人世,却留下了这道数学难题。长久以来,'哥德巴赫猜想'之谜吸引了众多的数学家,但始终没有结果,成为世界数学界一大悬案。"沈元教授把"哥德巴赫猜想"作了个形象的比喻,他把数学比喻成自然科学的皇后,把"哥德巴赫猜想"比喻成皇后皇冠上的明珠!沈元教授讲解的"哥德巴赫猜想"像磁石一般吸引着陈景润。

许多年之后,陈景润终于如愿以偿地进入了中国科学院数学研究所。1966年,他发表了《大偶数表为一个素数及一个不超过二个素数的乘积之和》(简称"1+2"),这在"哥德巴赫猜想"研究史上具有里程碑式的意义。他所证明出的那条定理震动了国际数学界,后来这条定理被命名为"陈氏定理"。

图 4.2 陈景润

感悟 做学问要有陈景润那样刻苦钻研的精神,只有这样,才能攻克一个又一个的难关,取得巨大的成就。青少年在学习中,会遇到一些困难,那么应该怎么去做呢?这里提供两种方法借鉴:①鞭策法:让老师、好友监督自己,自己要尽量配合;②自制法:为自己找一个奋斗的目标,这个目标必须是你最在乎最怕失去的。然后为了那个目标,让自己勤快起来。并且可以在醒目的地方贴上自己的目标提醒自己。

三、精力全神贯注

注意力,是让我们能坚持完成工作的一个重要因素。而对于现在很多人来说,注意力缺失却成为他们无法专注完成目标的"头号杀手"。由于在学习期间,他们不断受内在或者外在的"干扰物"影响自己,所以他们往往很难把全部的注意力投放在手头的任务上。

我们每个人每天的精力是有限的,而一个人精力水平的高低,决定了他能够对当前的事物投入多少注意力。想要让有限的精力产出最大化,关键的一项技能就是学会把更多的注意力投放在最重要的事情上。而这种"最重要的事情",通常在某个时间范围内,只有一件。很多人认为,所谓的"高效率",就是自己能够多线程工作。但这是一个错误的观念,我们人的大脑,最多只能集中精力处理一件事情。

(一)拆解任务,降低项目的整体难度系数

人的大脑都是"趋利避害"的,当我们觉得眼前的事情做起来很困难时,我们无从下手,自然就会选择逃避。想让自己更好地应对这种复杂的任务,最佳的方法就是拆解问题,把一个大的问题拆分为一个个容易操作的小问题。

这样做,整体难度就会下降,我们从每一个小问题入手,做起来也就会更容易了。

例如你想学习演讲,又不知道怎么开始学习,没有一个针对性的方向,就很难投入注意力在其上面。这时,你就可以把问题拆解,把"演讲能力"拆分成不同的要素,如怎么构建开场白,怎么铺排内容,如何运用声音和肢体语言,如何有效讲故事等。然后你可以选取其中最容易入手的一个项目开始学起,逐个击破,最后合起来锻炼,这样就能有效提升自己的演讲能力了。

(二)排除所有干扰物,让大脑保持一心一意

刺激太多,我们有限的注意力就会被其他事物干扰,那么剩下的注意力,就无法集中在那件重要的事情上了。大量的信息干扰,会增加大脑的负担。想让大脑有限的注意力全部用在手头上的工作,我们就必须减少"干扰源",隔绝外来的干扰信息。

例如学习时,一边听歌一边写作,和只是写作而不听歌,完全是两种状态。前者由于有歌曲这个"干扰物",夺取了一部分注意力,所以写作的效率不会太高。大脑有限的注意力,可以分出不同的量去应付各种干扰物,但如果你想把所有注意力的量都用在重要的事情上,你就不要让身边出现干扰物。

(三)给工作和学习安排特定的行动时间

根据心理学的研究,一个人每天大概只有四个小时,是工作最有效率的。不管你一天工作多少个小时,你只有在这四小时里面,让工作效率达到最好的状态。而其余时间,我们可能会过得浑浑噩噩、不紧不慢,很难投入足够的注意力去工作。换言之,既然人每天的注意力有限,怎么有效运用这些注意力,帮助自己更好工作,提高效率,就需要懂得给要做的事情安排好时间了。

案例4-3

苏洵是宋朝著名的文学家,唐宋八大家之一。他小时候很贪玩,直到二十七岁才认识到读书很重要,从此开始发愤读书,抓紧一切时间学习。有一年端午节,苏洵从早晨起来就扎在书房里读书。他的妻子端了一盘粽子和一碟白糖送进了书房。将近中午时,夫人收拾盘碟时,发现粽子已经吃完了,碟里的白糖却原封未动,而旁边砚台上竟有不少糯米粒。原来,苏洵只顾专心读书,误把砚台当成了糖碟。正是凭着这种认真刻苦的精神,苏洵成了文学大家。

感悟 从古至今,年老发奋学习的事例比比皆是,人老了就不能学习了吗?当今知识爆炸的年代,现代科学文化迅猛发展,使知识的更新期大大缩短,活到老学到老是时代的要

图 4.3 苏洵画像

求,它要求人从幼年到垂暮之年都要不间断地学习,不用说人到中年,就是到了老年阶段仍然需要坚持学习,否则赶不上时代的步伐。

第二节 人际交往

人际关系对人生业绩的影响很大,是人们取得成功的重要条件之一。

据悉,美国卡内基梅隆大学曾对一万多案例记录进行分析,结果发现"智慧"、"专门技术"和"经验"只占成功因素的15%,其余的85%取决于人际关系。戴尔·卡耐基在阅读了数百名古今中外人物的传记,走访了近百位名人之后写出的《成功之路》一书中,导出了一条公式:个人成功=15%的专业技能+85%的人际关系和处世技巧。吉米·道南和约翰·麦克斯韦尔合著的《成功的策略》,花了超过20年的时间观察成功人士,导出的也是同一个公式:个人成功=15%的专业技能+85%的人际关系和处世技巧。这绝非巧合,这个公式证明了人际关系的重要性,表达了无论从事什么职业,如若有良好的人际关系和正确的处世技巧,将有助于个人在事业上的成功。

一、人际关系类型

(一) 师生关系

教师是我们人际交往的重要对象。教师是知识的传授者,是我们人生的导师,是我们人格模仿的对象。但是,由于高等教育的特点,大学教师与大学生的接触不像中小学那样频繁,课外时间师生交往不多。从交往的内容看,往往仅限于传授知识,交往的内容比较狭窄;从交往的过程看,对流性比较少,往往是老师在讲,学生在听,尤其是师生之间缺乏情感的交流,这就不利于建立融洽的师生关系。因此,加强师生的对流性和交往内容的多样性,是大学生在处理人际关系时首先必须面对且应该做好的。

(二) 同学关系

同学是大学生人际交往最基本的对象,大学生与同学的交往最普遍,也最复杂。一方面,同学之间年龄相近，兴趣、爱好相似，又在一个集体中学习和生活，因此比较容易相处；另一方面，同学之间在生活习惯、个性等方面又存在着一定的差异，加之交往频率过高、空间距离过小（如有些同学同住一个寝室），因此在交往过程中难免会发生这样或那样的矛盾冲突。而大学生对友谊的渴求十分强烈，对人际交往的期望比较高，一旦需求得不到满足，就容易对人际交往产生消极的态度。由此看出，处理好同学关系也是同样重要。

（三）恋爱关系

恋人关系是一种特殊的同学关系，因为除了极少数情况，恋人双方本身就是同学关系。但是，它也有别于同学关系。一旦成为恋人，他们在大学中的接触往往是最多的，对对方的影响也往往是最大的。恋人间的相互鼓励，共同奋斗，可能会使双方最终都取得最大的成功。但反之，假如双方都迷恋于享乐，不思进取，最终也可能两人同时堕落。所以，处理好恋爱关系也显得至关重要。

（四）其他人际关系

除了老师和同学，大学生还会接触到学校其他成员、家庭成员、校外社会成员以及网络虚拟成员等。学校不是封闭的，而是与社会连通着的。虽然对于一个学生而言，校园生活才是主要的，但是在某种特定环境下，与社会上的不同人物的接触也可能对学生产生重大的影响。所以，在处理好与老师、同学、恋人的关系的同时，千万不能忽视其他方面的人际关系。

二、人际交往原则

（一）正直原则

正直原则主要是指正确、健康的人际交往能力，营造互帮互学、团结友爱、和睦相处的人际关系氛围。不能搞拉帮结派、酒肉朋友、无原则、不健康的人际交往。

（二）平等原则

平等原则主要是指双方人格上的平等，包括尊重他人和保持他人自我尊严两个方面。彼此尊重是友谊的基础，是两心相通的桥梁。交往必须平等，平等才能深交，这是人际交往成功的前提。

（三）诚信原则

诚信原则指在人际交往中，以诚相待、信守诺言。在与人交往时，一方面要真诚待人，既不当面奉承人，也不在背后诽谤人，要做到肝胆相照，襟怀坦荡。另一方面，言必行，行必果，承诺的事情要尽量做到，这样才能赢得别人的拥戴，彼此建立深厚的友谊。

（四）宽容原则

在与人相处时，应当严于律己，宽以待人，接受对方的差异。俗话说，"金无足赤，人无完人"，交往中，对别人要有宽容之心。

（五）换位原则

在交往中，要善于从对方的角度认知对方的思想观念和处事方式，设身处地地体会对方的情感和发现对方处理问题的独特个性方式等，从而真正理解对方，找到最恰当的沟通和解决问题的方法。

三、人际交往手段

(一)建立健康的人际交往模式

适度的自我价值感是良好的人际关系的基础。自我价值感来源于对自己作为一个独特的个体而存在的固有价值的认识。任何一个个体都是无法完全被取代的,都有其独特性,有其独特的创造性潜能。伴随这种价值感而来的是对他人的独特性价值的理解,以及对他人的尊重。是否具有这种适度的自我价值感直接影响到人际交往的模式。

(二)塑造良好的个人形象,增强个人魅力

社会交往中,个体的知识水平与涵养直接影响着交往的效果,良好的个人形象应从点滴开始,从善如流,"勿以善小而不为,勿以恶小而为之",优化个人的社交形象。

1. 提高心理素质

人与人的交往,是思想、能力与知识及心理的整体作用,哪一方面的欠缺都会影响人际关系的质量。有的学生在人际交往中存在社交恐惧、胆怯、羞怯、自卑、冷漠、孤独、封闭、猜疑、自傲、嫉妒等不良心理,都不易建立良好的人际关系。应该加强自我训练,提高自身的心理素质,以积极的态度进行人际交往。

2. 提高自身的人际魅力

每个个体都有其内在的人际魅力,这是一个人综合素质在社交生活中的体现。这就要求在校的大学生丰富自己的内心世界,从仪表到谈吐,从形象到学识,多方位提高自己。心理学研究表明,初次交往中,良好的社交形象会给对方留下深刻的印象,而随着交往的深入,学识更占主导地位。

(三)培养主动真诚交往的态度

大学生对外在世界的观察和思考已接近成熟,但对内在自我的反省能力却有待提高。在人际交往中,他们往往觉得别人不关心自己,或不尊重自己,却很少反省自身,问问自己对别人怎样。这种单向性思维容易导致交往中一厢情愿的倾向,并容易对挫折做出错误的归因。

人际交往本质上是一个互动的过程,但许多时候互动链的运行需要有人激发。事实上,许多交际成功的人往往会主动激发,开启人际互动链。即他们往往首先向别人发出友好的信号,主动关心别人,主动帮助别人,主动与人打招呼等。正像我们前面提到的那样,"我敬人,人自会敬我",以此打开了人际交往的局面。

(四)懂得保持适当的人际交往距离

保持距离感绝不是设置心灵上的屏障或戒备防线,它因人、因场合而异,人与人之间亲密程度的不同所保持的距离是不相同的。同学之间要处理好人际关系,保持牢固的友谊,就必须像刺猬彼此相抱着取暖。需要保持适当的距离,这样既能感受到对方的温暖又免于相互之间的伤害。

四、人际交往技巧

(一)善于结交

在人际交往中,结交的过程一般要经历彼此注意、初步解除防备和亲密接触三个阶段。善

于结交是指能够巧妙地引起对方注意,并主动制造机会,自然地与对方进行初步接触,进而保持进一步接触的过程。

(二)善于表达

常言道:与君一席话,胜读十年书。谈话是沟通信息、获得间接经验的好形式,也是表达感情、增进友谊的重要手段。善于表达,要求表达的内容要清楚明确,表达的方式要恰当、幽默和风趣,使对方感到轻松愉快。

(三)善于倾听

倾听的目的一方面是给对方创造表达的机会,另一方面是使自己能更好地了解对方,以便进一步与其交往和沟通。学会提高倾听的艺术,首先要静听他人的谈话,不要贸然打断对方的话题,也不要时时插话,影响他人的谈话思路,或弄不清谈话的内容就断然下结论。其次,要鼓励对方讲下去,可以用简单的赞同、复述、评论接话等方法引导他人讲下去。另外,不要做无关的动作,如心不在焉、东张西望、爱听不听、不耐烦、不时看表、目光游离不定等动作。这些既影响对方讲话的兴趣,又是一种非常无礼的行为。记住,鼓励他人谈论他们自己、他们的感受、他们的成就,是赢得友谊的有力品质。

(四)善于处理各类矛盾

在人与人的交往过程中,难免会产生各式各样的矛盾和摩擦,而善于处理问题,就是要求一个人在遇到麻烦的时候能够打破僵局,或者能够做到大事化小,小事化了,保持良好的人际关系,创造深入交往的氛围。

1. 尽量避免争论

人与人之间争论是很正常的事。但是争论往往都以不愉快的结果而结束。事实证明,双方无论谁赢谁输都很不舒服,赢者当时可能获得一种心理满足感,但很快会被人际关系恶化的阴影所笼罩,一时的满足心理会变得烟消云散;输者的心理挫折感更加强烈,往往会演化为人身攻击,这对于人际关系是非常有害的,争论的结果往往是两败俱伤。

2. 不要直接批评、责怪和抱怨别人

直接批评、责怪和抱怨别人会使他人的自尊心和自我价值感受损,尤其是一时面子上感到难堪。有时候只要稍微改变一些方法,变直接批评、责怪和抱怨为间接的暗示和提醒,效果会好得多,这就是所谓的"坏话好说"的艺术。

3. 勇于承认自己的错误

勇于承认错误是人际关系交往的润滑剂,当人际关系产生障碍的时候,承认自己的错误是明智之举,虽然承认自己的错误是一种自我否定,但是承认错误会使自己产生道德感的满足,另外,承认自己的错误是富有责任感的表现,对他人也具有心理感召力,在此情景中的人际僵局会因此被打破。

4. 学会批评

不到不得已时,绝不要自作聪明地批评别人,但是,有时批评是不可避免的。有时学会批评的艺术是维护人际关系的重要策略。卡耐基总结的批评艺术是值得借鉴的:批评从称赞和诚挚感谢入手,批评前先提到自己的错误,用暗示的方式提醒他人注意自己的错误,给别人保留面子。应该做到自尊但不能自傲,坦诚但不轻率,谦虚但不虚伪,谨慎但不拘谨,活泼但不轻

浮,老练但不圆滑,勇敢但不鲁莽,随和但不懦弱。

五、人际交往的小故事

(一)误会——导致错失最珍贵的东西

早年在美国阿拉斯加地方,有一对年轻人结婚,婚后生育,他的太太因难产而死,遗下一孩子。他忙生活,又忙于看家,因没有人帮忙看孩子,就训练一只狗,那狗聪明听话,能照顾小孩,咬着奶瓶喂奶给孩子喝,抚养孩子。有一天,主人出门去了,叫它照顾孩子。他到了别的乡村,因遇大雪,当日不能回来。第二天才赶回家,狗立即闻声出来迎接主人。他把房门打开一看,到处是血,抬头一望,床上也是血,孩子不见了,狗在身边,满口也是血,主人发现这种情形,以为狗性发作,把孩子吃掉了,大怒之下,拿起刀来向着狗头一劈,把狗杀死了。之后,他忽然听到孩子的声音,又见孩子从床下爬了出来,于是他抱起孩子,虽然孩子身上有血,但并未受伤。他很奇怪,不知究竟是怎么一回事,再看看狗身,腿上的肉没有了,旁边有一只狼,口里还咬着狗的肉;狗救了小主人,却被主人误杀了,这真是天下最令人惊奇的误会。

解析 误会的事,是人往往在不了解、无理智、无耐心、缺少思考、未能多体谅对方,反省自己,感情极为冲动的情况之下所发生。误会一开始,即一直只想到对方的千错万错;因此,会使误会越陷越深,弄到不可收拾的地步,人对无知的动物小狗发生误会,尚且会有如此可怕严重的后果,如若是人与人之间的误会,则其后果更是难以想象。

(二)钉子——钉下自己的脾气

有一个男孩有着很坏的脾气,于是他的父亲就给了他一袋钉子,并且告诉他,每当他发脾气的时候就钉一根钉子在后院的围篱上。第一天,这个男孩钉下了37根钉子。慢慢地每天钉下的数量减少了。他发现控制自己的脾气要比钉下那些钉子来得容易些。终于有一天这个男孩再也不会失去耐性乱发脾气,他告诉他的父亲这件事,父亲告诉他,现在开始每当他能控制自己脾气的时候,就拔出一根钉子。一天天地过去了,最后男孩告诉他的父亲,他终于把所有钉子都拔出来了。父亲握着他的手来到后院说:你做得很好,我的好孩子。但是看看那些围篱上的洞,这些围篱将永远不能恢复成从前的样子。你生气的时候说的话将像这些钉子一样留下疤痕。如果你拿刀子捅别人一刀,不管你说了多少次对不起,那个伤口将永远存在。话语的伤痛就像真实的伤痛一样令人无法承受。

解析 人与人之间常常因为一些彼此无法释怀的坚持,而造成永远的伤害。如果我们都能从自己做起,开始宽容地看待他人,相信你一定能收到许多意想不到的结果……帮别人开启一扇窗,也就是让自己看到更完整的天空……

(三)且慢下手——换个角度就是不一样的世界

大多数的同事都很兴奋,因为单位里调来一位新主管,据说是个能人,专门被派来整顿业务。可是日子一天天过去,新主管却毫无作为,每天彬彬有礼进办公室,便躲在里面难得出门,那些本来紧张得要死的懒散人员,现在反而更猖獗了。他哪里是个能人嘛!根本是个老好人,比以前的主管更容易糊弄!四个月过去了,就在真正努力之人为新主管感到失望时,新主管却发威了——懒散人员一律开除,能人则获得晋升。下手之快,断事之准,与先前表现保守的他,简直像是换了个人。

年终聚餐时,新任主管在酒过三巡之后致辞:"相信大家对我新到任期间的表现,和后来的大刀阔斧,一定感到不解,现在听我说个故事,各位就明白了。"他说:"我有位朋友,买了栋带着大院的房子,他刚搬进去,就将那院子全面整顿,杂草树一律清除,改种自己新买的花卉,某日原先的屋主回访,进门后吃惊地问:那最名贵的牡丹哪里去了?我这位朋友才发现,他竟然把牡丹当草给铲了。后来他又买了一栋房子,虽然院子更加杂乱,他却'按兵不动',果然冬天以为是杂树的植物,春天里开了繁花;春天以为是野草的,夏天里成了花团锦簇;半年都没有动静的小树,秋天居然红了叶。直到暮秋,它才真正认清哪些是无用的植物,从而大力铲除,并使所有珍贵的草木得以保存。"说到这儿,主管举起杯来:"让我敬在座的每一位,因为如果说这办公室是个花园,你们就都是其间的珍木,珍木不可能一年到头开花结果,只有经过长期的观察才认得出啊!"

(四)宽大——给自己一个美好未来

这是一个来自越战归来的士兵的故事。他从旧金山打电话给他的父母,告诉他们:"爸妈,我回来了,可是我有个不情之请。我想带一个朋友同我一起回家。""当然好啊!"他们回答,"我们会很高兴见到他的。"不过儿子又继续说下去:"可是有件事我想先告诉你们,他在越战里受了重伤,少了一条胳膊和一条腿,他现在走投无路,我想请他回来和我们一起生活。""儿子,我很遗憾,不过或许我们可以帮他找个安身之处。"父亲又接着说,"儿子,你不知道自己在说些什么。像他这样残障的人会对我们的生活造成很大的负担。我们还有自己的生活要过,不能就让他这样破坏了。我建议你先回家然后忘了他,他会找到自己的一片天空的。"

就在此时儿子挂上了电话,他的父母再也没有他的消息了。几天后,这对父母接到了来自旧金山警局的电话,告诉他们亲爱的儿子已经坠楼身亡了。警方相信这只是单纯的自杀案件。于是他们伤心欲绝地飞往旧金山,并在警方带领之下到停尸间去辨认儿子的遗体。那的确是他们的儿子没错,但惊讶的是儿子居然,只有一条胳膊和一条腿。

故事中的父母就和我们大多数人一样。要去喜爱面貌较好或谈吐风趣的人很容易,但是要喜欢那些造成我们不便和不快的人却太难了。我们总是宁愿和那些不如我们健康、美丽或聪明的人保持距离。然而感谢上帝,有些人却不会对我们如此残酷。他们会无怨无悔地爱我们,不论我们多么糟糕总是愿意接纳我们。今晚在你入睡之前,向上帝祷告请他赐给你力量去接纳他人,不论他们是怎样的人;请他帮助我们了解那些不同于我们的人。每个人的心里都藏着一种神奇的东西,称为"友情",你不知道它究竟是如何发生何时发生,但你却知道它总会带给我们特殊的礼物。你也会了解友情是上帝给我们最珍贵的馈赠!朋友就像是稀奇的宝物。他们带来欢笑,激励我们成功。他们倾听我们内心的话,与我们分享每一句赞美。他们的心房永远为我们而敞开。现在就告诉你的朋友你有多在乎他们。

朋友,您一路看下来之后,一定有很深的感触吧。那么,在对别人有所决定与判断之前,首先,请想想这是否是一个"误会",然后,请考虑您是否一定要钉下这个"钉子",如果可以的话,请"且慢下手"。因为,当您对别人"宽大"之时,即是对您自己宽大。

其实人际冲突的根源不外乎两种情况:一是利益冲突;二是误会。做事要三思以消除误会,不主动陷入利益漩涡,宽容他人以避免(减少)冲突。

(五)沙子和石头——感恩于人就是善待自己

穿行在沙漠中的两个人是一对好朋友。途中,两人发生了激烈争执,其中的一个人掌了另外一个人一记响亮的耳光。被掌耳光的人什么话也没有说,只是在沙子上写道:"今天,我最好的朋友在我的脸上打了一耳光。"他们继续行走,终于发现了一个绿洲,两人迫不及待地跳进水中洗澡,很不幸,被打耳光的那个人深陷泥潭,眼看就要溺死,他的朋友舍命相救,终于脱险。被救的人什么话也没有说,在石头上刻下一行字:"今天,我最好的朋友救了我的命。"打人和救人的这个人问:"我打你的时候,你记在沙子上,我救你的时候,你记在石头上,为什么?"另一个人答道:"当你有负于我的时候,我把它记在沙子上,风一吹,什么都没有了。当你有恩于我的时候,我把它记在石头上,什么时候都不会忘记。"

第三节 大学里的爱情

恋爱是校园普遍存在的现象,也是校园生活中谈论的热点话题。人们常常认为爱是很简单的,如果找到对的人,我们的爱就开始了,但实际上这恰恰是错的。爱,其实是一种需要学习的能力,是一门需要知识和努力的艺术。也许你正在期待进入一段美好恋情,也许你正在经历一段恋爱,甚至是你在一段爱情中遇到很多纠结和困难,陷入失恋的低谷中。新时代的爱情,最终目的是使人能够自我成长,这一小节给各位同学介绍关于爱情的理论和实践的相关知识,期望更好地帮助各位同学树立正确的恋爱观,拥有理性的爱情思维,合理看待和处理恋爱中遇到的问题,让自己成长为德智体美劳全面发展的当代大学生。

一、新时代的大学爱情现象

(一)大学生爱情的产生基础

爱情是人际吸引最强烈的形式,是身心成熟到一定程度的个体对异性个体产生的有浪漫主义色彩的高级情感。爱情的产生是具备多种基础的情况下,慢慢孕育产生的。

1. 爱情的生理心理基础

爱情的出现与人的身体发育有直接的关系。

人所具有的性别是与生俱来的,是男人还是女人,在卵子受精的时候就已经决定了。胎儿在胎盘内就形成了生殖器官,男孩出生时就有阴茎和睾丸,女孩出生时就有卵巢和子宫。这种生殖器官的构造被称为第一性征。到了青春期(11~20岁),男女的性腺功能开始明显化,性激素分泌旺盛,生殖器官发育基本成熟。在这期间,男女生在身体形态上也发生着很大的变化,男性变得身材高大、体格健壮、喉结突出、音调变低、开始遗精、阴毛及腋毛和胡须生长出来;女性皮下脂肪增多、乳房变大、音调变高、月经初潮。这些在第一性征影响下出现于青春期的身体形态及生理变化特征,被称为第二性征。随着男女生第一和第二性征的发育成熟,性激素水平的快速提高,他们的心里开始萌发性的意识和强烈的对于异性的好奇和向往,开始产生对异性的有意注意、追求欲望和亲密感觉。通常人们所说的"情窦初开",正是这些表现的代名词。

在这个时期,男女生性生理的成熟,促进了性心理的形成,性生理的发育是性心理发展的生物学基础。可以说,如果没有性作为基础,爱情是不可能产生的,更不可能持续发展。埃里克森的人格发展八阶段认为,在第六个阶段——成年早期(18~25岁)发展的危机是亲密对孤独的冲突,对应的发展任务是获得亲密感,体验着爱情的实现。

大学生年龄正好是处在成年的早期,生理和心理上已经具备可以恋爱的基础。

2. 爱情的社会基础

从社会制度的层面看,当代大学生恋爱已经获得了法律和道德的支持。

一方面,从法律制度层面看,高校对大学生恋爱、结婚管理上经过几个不同的发展阶段,但总体上是朝着人性化的方向发展,特别是在2005年《普通高等学校学生管理规定》取消了大学生禁止结婚的规定,全国所有的大学都取消了大学生不能谈恋爱的规定。大学生恋爱就像"忽如一夜春风来,千树万树梨花开"。大学生恋爱是合法合规的。

另一方面,从道德层面看,在异性之间出现审美情感之后,如果再进一步向前发展,产生了道德情感,就会萌生真正的爱情。这里定义的道德情感,不是我们通常所说的"道德品质"(是好人还是坏人),而是指两个人在心灵上的认同和默契。到了这个阶段,由于男女双方具有相对一致的人生观和价值观,他们在心灵层面上的沟通就会顺畅,彼此相知相爱,成为两心契合的情侣。

因此,在大学校园中,大学生谈恋爱是一件顺应生理和心理的发展顺序,符合法律规定和道德要求的事。

(二)大学生爱情的特点

1. 强调自主和平等

大学生的爱情,个性突出,不受传统习俗的局限,在恋爱中强调自主性和平等性。

一方面,自主指自己做主,不受别人支配,能对自己的行为负责。爱情的自主性包括:自由表达爱的意愿,独立做出爱的决定,自行推进爱的行动进程等。爱情关系作为人类自主的产物在很大程度上取决于人类自主性发展水平。爱情自主是爱情的一个重要的特征。

另一方面,大学生恋爱的平等性更多地表现在人格上、精神上的平等,是互相理解,互相尊重。恋爱中平等关系的构建,既是一种不断演进的历史发展过程和恋爱实践的结果,同时也是一种价值目标和理想追求。这种目标和追求体现在性别关系方面,就是不存在"男尊女卑"等级观念。

2. 恋爱动机多元化

恋爱动机是个体进行恋爱行为的内在驱动力,不同的恋爱动机对感情的结果会产生不同的影响。相比于旧观念里面的只为了进入婚姻而恋爱的动机不同,根据国内学者的相关调查研究,可以将当代大学生的恋爱动机总结为以下几大类:

一是以寻找终身伴侣为主要目的,认真对待男女情感的;

二是为了弥补自己内心空虚,寻求精神寄托的;

三是为了证明自己的魅力,随大流而盲目开始恋爱的;

四是单纯地为了满足自己的心理和生理需要的。

但在这众多的恋爱动机中,绝大部分的学生还是以寻找自己的终身伴侣为主要恋爱动机,认为当前学生时代的爱情是纯洁、难得的。总体上看,当代大学生恋爱动机主流还是比较正确的,大部分学生对恋爱持严谨态度,以寻找合适的交往对象为出发点,同时存在着多元化的趋势。

3. 择偶标准多样化

在诸多社会因素的影响下，当代大学生的择偶标准也发生了变化。有学者调查显示，在被问及"在选择恋爱或结婚对象时，你最看中哪方面的条件"时，大学生的回答具有较大差异。选项排位靠前的依次是"性格合适、情感共鸣、道德品质、外貌体型、学习才干，最后才是经济条件、家庭地位和其他因素"。大部分同学在选择交往对象时比较看重对方的个人特质以及是否与自己有着相同的志趣，而家庭条件等经济因素只是作为一个参考条件，并未起到决定性的作用。这说明当代大学生能够比较理性地选择交往对象，在择偶标准上有着自己的独特见解。

4. 性观念趋于开放

国内学者的相关调查结果显示，当代大学生对婚前性行为的接受度逐渐提升。在被问及"如何看待婚前性行为"时，56.9%的学生表示可以接受，12%的学生表示无所谓，4.3%的学生表示赞同，18.9%的学生表示反对，仅有7.9%的学生表示非常反对。由此可见，当代大学生对婚前性行为的发生大多持接受态度，大学生性观念是趋向开放的。这也与当代大学生在爱情道德问题上认识不深有密切关系。

5. 不成熟性与不稳定性

"00后"大学生的爱情的不成熟性和不稳定性主要体现在，对待恋爱的认识比较简单、盲目，道德责任意识薄弱，在处理亲密关系的问题上，自控能力差，受挫能力差，相当一部分的大学生没有处理好恋爱与其他关系（友情、亲情、学习、工作等），在恋爱问题上表现得不够成熟，加上他们现在经济尚未独立，使得他们在恋爱过程中不稳定因素较多、不成熟性较强。

（三）大学生爱情的意义

拥有一份美好而永久的爱情，是我们大部分人的美好心愿，也是许多人不断寻觅和追逐的人生目标。纯真的爱情在给每一个拥有它的人带来幸福的同时，也会使经历它的人在发展爱情的整个过程中，得到许多方面的促进和历练。全面而深刻地认识爱情的价值和意义，可以使人们对爱情的态度更加理性、更加从容，能够倍加珍惜爱情带来的快乐，也认真学习那些由它给予的重要的功课。下面要介绍爱情能给我们带来什么好处，即爱情的意义。

1. 促进了自我认识的发展

爱情最重要的意义是能够促进自我认识的发展，也就是促进发现自我和自我的价值。著名的社会学家伊娃·伊洛斯认为自我很抽象，我到底是不是确定的，我是否真的存在，其实是有疑问的，所以人们经常把"我存在吗?"这个问题换成是"有人爱我吗?"，当有人爱我的时候，自我就被看到了，爱让我们找到自己的独特性，爱一个人就像有一面镜子一样，自己就会被呈现出来。因此，在体验爱情的过程中，你会感觉到你的存在，也会让你找到自我的价值。在相互交往的过程中，对方对于自己的看法、评论和建议，都会引起一些思考，使其全面地审视自己的所思所想和所作所为。

除了从对方的反馈中来了解自己以外，恋爱中的人还能从两人相处的过程中，不断地意识到个人的情感世界，感觉出以往的经历对自己的影响，发现自己的个性特点、价值取向、情感类型、兴趣爱好和为人处世的方式等，从以前意识不到的、更加宽阔的角度去认识自己。而且，在日益提高自我认识的基础上，每个人还能逐渐完善欠缺的地方，继续发扬已有的优点。积极而正确的恋爱，可以不同程度上改变人的趣味，升华人的人格，开发人的潜能，促进人的新生。

图 4.4　心静景美

2. 满足了心灵归属的需要

美国著名人本主义心理学家亚伯拉罕·马斯洛提出广为人知的"需要层次理论",马斯洛认为,人的需要分为三大层次,即基本生理需要、心理需要和自我实现的需要。其中,在心理需要中,包括一种人类的基本需要——归属的需要。而在归属的需要中又含有爱别人和被别人爱的需要。他指出,人是一种社会动物,天生就喜欢而且热爱别人,同时也渴望别人喜欢和热爱自己。如果这两种需要得不到适当的满足,就会给人带来各种各样的心理和社会问题。一般而言,人们的幸福感将取决于是否满足了心理归属的需要。

人的归属需要会使每一个人都努力(不仅是想要)去与他人建立和维持亲密的关系,在与那些了解和关心自己的人进行愉悦的交往和互动中,会达到心灵上的满足。而在男女之间产生的爱情,是一种人际间最亲密、最深刻的关系,恰好能够最大限度地满足人的归属需要。在深深相爱的恋人之间,会有甜蜜的交流、情绪的安抚和心灵的慰藉等重要的心理交互活动,这些都会给他们带来巨大的情感和精神支持。与那些没有获得纯真爱情的人相比,拥有成熟爱情的人会有更多的心灵归属感,也会因此产生更强的幸福感。

许多心理学研究都发现,在恋爱中获得心灵归属需要的满足,可以使人的情绪愉悦,身体更加健康。因此,满足心灵归属的需要是爱情的重要意义之一。

3. 学会了处理人际关系

马克思认为,人的本质是一切社会关系的总和。我们总是与他人产生各种各样的联系,而爱情关系是其中一种非常特殊的人际关系。爱情可以让我们与他人建立联系,在经历爱情过程中学会处理人际关系,激发一个人对于生活的热情。

心理学家弗洛姆认为,人类作为一种生命体,我们与动物本质的不同是,我们能意识到自己的存在,随之而来的就是当我们不与他人联系的时候就会产生孤独感,所以他提出了"孤独是人类永恒的难题",而摆脱孤独无力感的最好途径就是"成熟的爱"。美国社会心理学家齐克·祖宾认为爱情有一个必不可少的特征——帮助欲,也就是在爱情中的人与人产生连接的时候,总是想帮对方做一些事情,这样让他们感觉到心情愉悦,感受到生命力的升华。

因此,爱情可以帮助人们学会处理人际关系,对于人的心理成熟和人格完善具有重要的促进作用,不仅让人学习如何去爱另一个人,怎样与恋人交往,也能让人学习如何与更多的人建立良好的关系。一个能与自己的恋人相处得很好的人,在很大程度上也能与其他人和睦相处。是否具有较强的人际交往能力和社会适应性,能否与他人和谐相处,是衡量一个人心理成熟程度的重要标志。

4. 提升了个人精神境界

我们常常听到有人在说:"谈恋爱真累,实在是太消耗精力,都把人掏空了。"虽说这话听起来很让人同情,说话人似乎做出了很多个人的牺牲,但从另一个角度来看,付出了爱其实在精神层面上却有一个巨大的收获。如果一个人曾经真心地爱过另一个人,即使对方已经转身离去,但爱的收获必定会以某种方式保藏下来,当岁月渐渐抚平了创伤,珍宝依旧留在心中。

图 4.5　用音符唱响人生

人在恋爱中做出的奉献,不是单纯的给予,同时也是莫大的收获。正是通过表达爱情的多种具体方式,建立了与一个人及其相关人的关系,丰富了与人际世界的联系。一个从来不曾深爱过他人的人,他的精神世界是狭隘的,心灵的力量是缺乏的。爱的经历决定了人生内涵的广度和深度,一个人的爱的经历越是深刻和丰富,他就越是感觉到生活的美好。

爱的经历能够丰富人生,爱的体验可以滋养心灵。无论恋爱的经历是否顺利,所得到的体验对于精神境界的提升都有很大的益处。

二、爱情的理论

(一)马克思主义的爱情理论

1. 爱情的含义

所谓爱情,是一对男女基于一定的社会基础和共同的生活理想,在各自内心形成的相互倾慕,并渴望对方成为自己终身伴侣的一种强烈、纯真、专一的感情。

2. 爱情的构成要素

马克思主义的爱情理论认为,性爱、理想和责任是构成爱情的三个基本要素。这三个基本要素构成了爱情的有机统一整体,它们的完美结合成就了人世间美好的爱情。

第一,性爱的吸引,使得爱情打上了情爱的烙印,并把异性间的爱情与异性间的友谊根本区别开来。

第二,理想的契合,使得爱情表现着恋人们对生活的希望和对未来的憧憬,使热恋中的人们焕发出极大的热情来克服生活中的消极和颓废。

第三,责任的担当,则使得爱情不是自私地占有对方的感情,而是自觉自愿地为所挚爱的人付出感情、担当责任。

爱情的三个构成要素不能分割,单独强调某个要素都不能成为完整的爱情。真正的爱情体现着人的自然和社会的双重需要,并通过生活而获得充实的意义。

3. 爱情的本质与特征

(1)爱情的本质。爱情是人类自然属性和社会属性的统一,是性爱和情爱的和谐与统一。

爱情的自然属性是指，成熟健康的男女自身的性欲和性需求以及性爱，它们是爱情产生的最基本的生物前提；爱情的生物性表现为人的性欲、性满足和性行为，是人的生物本能和生理基础的表现。

爱情的社会属性是指人的性需求是以一种内容丰富、不断发展变化的社会方式来进行的，是人的性欲本能随着社会发展而进行个体社会化的属性。因此，爱情的社会性还具体表现爱情的物质基础，包括经济条件、社会地位等。在妇女没有平等的经济条件和社会地位的时候，是不可能得到真正的现代爱情的。

(2)爱情的特征。一是互爱性和平等性。互爱性，指的是互相爱慕，这是马克思爱情观的首要特征。恩格斯认为，爱情中男女双方要互爱，单方面的爱是没有结果的，没有结果的爱便没有了任何意义，不能称之为爱情，只有建立在互爱基础上的爱情才是合乎道德规范的。换言之，爱情是两个人的事，真正的爱情，互爱、平等作为前提，是两个人保存爱情并且长久地走下去的充分必要条件。二是专一性和排他性。恩格斯认为，爱情应具有这两个特征。爱情是两性之间产生的关系，和友情不同，它是由两性的结合擦出了爱情的火花，是两个互爱的男女发出心灵碰撞产生的共鸣，这种爱情关系要排除第三者的干扰，需要恋爱的双方一心一意，言行一致。三是长期性和阶段性。马克思主义爱情观认为，爱情是伴随男女双方一生的，需要男女双方长期的呵护的建设，往往需要接受时间的检验，过早的亲密接触，只图一时之快乐并不是真正爱情的体现。马克思曾说："真爱情的道路决不是平坦的"。只有经得起长期考验的爱情才更加值得我们珍惜。四是社会性和道德性。爱情虽然是男女之间相互爱慕的私情，但具有丰富的社会内容。爱情的内涵、本质以及追求爱情的方式，必然要受到各种社会关系及社会因素的影响。爱情的道德性是指爱情中蕴涵着对对方的强烈的义务感和责任感。

4.爱情中的道德

爱情是建立在自然属性和社会属性相统一基础上的一种情感关系，从其社会属性讲，爱情会在恋爱双方中形成一种社会道德关系，产生爱情道德。爱情道德即爱情的善，是爱情的价值之一，是为爱情本质所规定了的爱情自身所固有的一种特性。爱情道德的核心因素是责任。

爱情既是两性间特殊的社会关系和道德情感，同时又是一种特殊的道德活动，这种活动表现在相爱双方把自己的整个身心转移到关怀对方的身上，为了使自己所爱的人获得幸福，而甘愿付出艰苦的劳动，甚至做出巨大的牺牲，从而使双方融为一体，以使爱情生活日趋高尚。大学生的爱情道德原则规范主要有以下三个方面。

(1)尊重人格平等。恋爱的双方在人格上都是独立的，如果把对方当作自己的附庸，或依附对方而失去自我，都是对爱情实质的曲解。恋爱双方在相互关系上是平等的，都有给予爱、接受爱和拒绝爱的自由，放纵自己的情感或者对对方予以束缚或强迫，都不符合恋爱的道德要求。大学生在发展爱情关系的过程中，男女双方始终处于平等的地位。这意味着双方不管在体貌、才华、家庭背景等客观因素上有多么大的差异，在情感和心理上双方都应平等地表达自己的意愿；尊重对方的人格，彼此能够达到坦率相知、真诚相处、纯洁相爱。

(2)自觉承担责任。爱是主动给予，是对对方整体的关怀，无论对方处于顺境还是逆境，是富裕还是贫穷，是健康还是伤病，爱一个人或接受一个人的爱，就意味着始终不离不弃，自觉地为对方承担责任。大学生恋爱要自愿地为对方承担责任，这是爱情本质的体现。责任的担当是需要见诸行动的自觉。爱一个人意味着自觉地承担对对方的责任。责任常常就体现在生活的点点滴滴之中。恋爱中对责任的自觉担当，要求准备恋爱的人们认真思考：爱一个人或者接受一个人的爱,是否做好了自愿承担责任的准备。

(3)文明相亲相爱。文明,是人类历史沉淀下来的有益于增强人类对客观世界的适应和认知,符合人类精神追求,能被绝大多数人认可和接受的人文精神、发明创造以及公序良俗的总和。马克思说:"在我看来,真正的爱情是表现在恋人对他的偶像采取含蓄、谦恭甚至羞涩的态度,而绝不是表现在随意流露热情和过早的亲昵。"在我国的传统文化中,对感情的表达始终是含蓄、内敛、矜持的,任何过于开放的亲昵行为都会影响社会的公序良俗,会受到道德的谴责和来自他人、社会的批评。因此,大学生谈恋爱要文明地相亲相爱。

(二)中外相关的爱情理论

1.斯滕伯格的爱情三角理论

罗伯特·斯滕伯格是美国著名的心理学家,他提出了爱情三角形理论。他认为爱情可以用亲密、激情和承诺三个元素来理解。下面将介绍爱情三个因素的含义,以及这三个因素通过组合构成的八种不同的类型。

(1)爱情的三因素。爱情三角形理论中的三个因素是亲密、激情和承诺。每个因素描述了爱情的一个方面。亲密,是指在爱情关系中亲近、连属、结合等体验的感觉,因此,这个因素包括那些在爱情关系当中能促进温暖关系的感觉。激情,是指引发浪漫之爱、身体吸引、性完美以及爱情关系中相关现象的驱动力。激情因素包括那些在爱情关系中能引起激情体验的动机性以及其他形式的唤醒源。它包括沃尔斯特所说的"一种非常想跟别人结合的状态"。承诺,从短期来讲,承诺指的是一个人决定爱另一个人;从长期来讲,它是指一个人维持爱情的承诺。

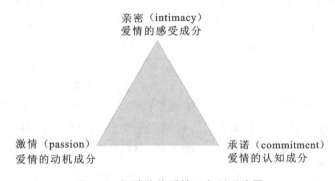

图 4.6 斯滕伯格爱情三角形理论图

(2)爱情的类型。爱情的三个因素通过组合可以构成八种不同的类型。每一种组合对应着一种类型的爱情。重要的是,我们要认识到:爱情的三个因素可能的组合构成了有限的不同类型的爱情,没有一种关系完全符合其中的类型。

"无爱"是指爱情的三个因素都缺失。

"喜欢"是个体只是体验到亲密,而缺失爱情和决定承诺的因素。

"迷恋"是人们只是体验到激情,而缺失另外两个爱情要素。

"空洞之爱"是指一个人爱并且承诺爱别人,却缺乏爱情的亲密和激情因素。

"浪漫之爱"是亲密与激情因素的组合。

"伴侣之爱"是亲密与承诺因素的组合。

"愚昧之爱"是激情与承诺的组合,而缺少亲密这个因素。

"完美之爱"是来自亲密、激情和承诺三个爱情因素的组合。

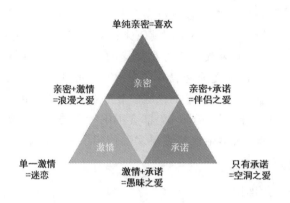

图 4.7　斯滕伯格爱情的类型

2. 弗洛姆的《爱的艺术》

德裔美籍心理学家艾瑞克·弗洛姆所著的《爱的艺术》，被誉为当代爱的艺术理论专著最著名的作品。在书中，弗洛姆提出：爱是一门艺术，想要掌握这门艺术的人，需要有这方面的知识并付出努力去学习。人既要学习爱的理论，也要在爱的实践中学习。下面将介绍《爱的艺术》一书中几个重要的理论观点。

（1）"给予爱"比"接受爱"更重要，是具有唤起爱、创造爱的能力。在爱情中，"给予"比"接受"更能使自己满足，更能使自己快乐，爱要比被爱更重要。通过爱他就从他的由自恋引起的孤独中解脱出来，他开始体验关心他人以及注重同他人的统一，另外他还能感觉到爱，唤起爱的力量。他不再依赖于接受爱以及为了赢得爱情必须使自己弱小、孤立无援、生病或者听话。

弗洛姆认为成熟的爱是在保持自己的尊严和个性条件下的结合，爱是一种主动的能力，其遵循"我因爱，而被爱"的原则，宣称"我需要你，因为我爱你"。成熟的爱是通过"给予"达到的，而有了"创造"才能够"给予"，有创造性的人对"给予"的理解完全不同。他们认为给予是力量的最高表现，恰恰是通过给予，他们才能体验自己的力量、自己的富裕、自己的活力，从而体验到生命力的升华，使自己充满了欢乐。他们因此感觉到自己生气勃勃，因而欣喜万分。"给予"比"接受"带来更多的愉快，这不是因为给予是一种牺牲，而是因为通过给予表现了自我的生命力，表现了爱。

（2）爱情共同的基本要素：关心、责任、尊重与了解。弗洛姆认为，除了"给予"这个因素以外，爱的主动特性明显地表现在关心、责任、尊重和了解这几个共同的基本要素上。

首先，爱情蕴藏着关心，爱是对生命以及我们所爱对象的生命和成长的积极关心，如果缺乏这种积极的关心，那么这只是一种情绪，而不是爱情。

其次，爱情是对另一生命的责任心。责任心的本来意义是一种完全自觉的行动，是我对另一生命表达出来的或尚未表达出来的愿望的答复。"有责任"意味着有能力并准备对这些愿望给予回答。在成人之间包括关心对方的精神要求。

再次，爱情是相互尊重的。尊重别人不是惧怕对方。尊重就是有能力实事求是地正视对方和认识他独有的个性。我希望一个被我爱的人，应该以他自己的方式和为了自己去成长、发展，而不是服从于我。如果我们爱他这个人，我们应该感到和他一致，而且接受他本来的面目，而不是要求他变成我们希望的样子。

最后，了解对方才能够爱对方，了解对方才能尊重对方。如果不以了解为基础，关心和责任心都会是盲目的,而如果不是从关怀的角度出发去了解对方,这种了解也是无益的。我们只有用他人的眼光看待他人,而把对自己的兴趣退居二位,我们才能了解对方。我们必须客观地去认识对方和自己,以便使自己能够看到对方的现实状态或者能克服幻想,克服我们想象中的被歪曲了的对方的形象。

综上,关心、责任、尊重和了解是相互依存的。只有在成熟的人身上才能找到这四者的交融形态。凡是成熟的人都能创造性地发展自己的能力,他们放弃了自诩为无所不能的自恋的梦想,把已获得的谦恭置于真正的创造性活动产生的精神力量基础之上。

(3)拥有能力爱别人的人,必定爱自己。爱别人和爱自己是统一的。弗洛姆认为:对自己的生活、幸福、成长以及自由的肯定是以爱的能力为基础的,这就是说,看你有没有能力关怀人、尊重人,有无责任心和是否了解别人。如果一个人有能力创造性地爱,那他必然也爱自己,但如果他只爱别人,那他就是没有能力爱。一切有能力爱别人的人必定也爱自己。原则上爱自己和爱别人是不可分的。真正的爱是内在创造力的表现,包括关怀、尊重、责任心和认识等诸因素。爱不是一种消极的冲动情绪,而是积极追求被爱人的发展和幸福,这种追求的基础是人的爱的能力。

3. 沈奕斐的现代爱情四象限理论

沈奕斐是复旦大学社会学系副教授,研究方向是社会性别和家庭社会学、情感社会学。其推出的网络课程"社会学爱情思维课"试图从社会学的视角,去理解这个时代的爱情新问题。沈奕斐关于爱情的内容主要介绍爱情脚本理论和现代爱情四象限理论。

(1)爱情新旧脚本存在冲突。沈奕斐认为,爱情脚本决定了我们的爱情。爱情脚本指的是,由社会经济基础、社会文化所确定的一整套关于爱情的机制。这个脚本决定了,我们什么时间段遇到什么人是合适的,什么样的人是我们最合适的伴侣,什么样的感情被认为是好的,值得周围的人赞赏等一系列问题。

爱情脚本的存在,是在提醒我们,当我们在爱情中遇到任何问题的时候,背后有一个更宏大的社会机制、社会文化在产生作用。很多表面看起来是我们的选择,其实在背后有一个大的脚本在影响你做出所谓的"正确选择",但是这个选择不一定是最有利于你的,不一定是你内心最想做的脚本。与法国社会学家伊娃·伊洛斯提出的:"个人生活的失败,并非源于自身的心理弱点,而是结构性的安排。社会结构导致了我们变化无常、多灾多难的情感生活。如果不能跳出个人框架去看宏观的社会结构,就很容易被其裹挟。"是一致的。

沈奕斐认为今天的爱情变得更难了,因为在当下社会中存在着新旧爱情脚本的冲突。其中,旧脚本是基于家庭利益的,结婚是宿命,即缘分婚姻,是熟人社会的默认规则,但是今天的爱情新脚本是基于个人利益,结婚是选择,是现代社会的自主人生,是一种爱情婚姻。可以看出来,新旧两个脚本存在巨大的差异。沈奕斐认为我们的困难在于,大部分人对于这两个脚本的冲突和差异没有足够的认识,甚至很多时候我们会将两个脚本混在一起,这个是源于我国经济发展很快,但是文化具有滞后性,也就是压缩的现代化使得社会上同时存在着新旧爱情脚本。

此外,沈奕斐认为今天的爱情变得更难的另一个原因是,男女两性的爱情脚本本身也是存在冲突的,今天在爱情和婚姻中比较大的问题是,对于角色期待的错位导致爱情变得更难。具体来说,在传统角色脚本中,男性角色是挣钱养家的人,是给家庭提供保护,不需要做太多照顾人的工作,是家庭的权威;反观在传统观念里,女性角色是被保护者,是不具备挣钱能力的人,需要做大量照顾家庭的工作,是要服从的人,具有牺牲的美德。随着时代的发展和社会的进步,当下男性的脚本并没有改变,甚至是加强了,要求男性有更高的原始积累。然而,今天的女性脚本发生了巨大的变化,现代女性走出家门,和男性在职场上同台竞技,是经济独立的人,有了保护自己的能力,开始追求"自我"。现代女性所拿到的角色脚本,会让女性承受双重负担,女性既被要求是独立的人,工作要做得好,又被要求在家庭领域要符合爱情脚本里男性对于要顾家的角色期待。换言之,女性的角色发生了巨大的变化,但是社会对于女性仍然持有非常传统的角色期待。

面对爱情新旧脚本的冲突,沈奕斐教授认为解决的办法是,要积极面对找到适合自己的脚本,调整对伴侣的期待,让爱成为自己成长的途径。

(2)现代爱情的四象限理论。沈奕斐认为好的爱情的目标从来不是维持爱情最初的样子,而是用开放的心态去接受爱情更多元的新形态。为了揭示在今天什么是好的爱情,沈奕斐提出了"现代爱情的四象限理论"。

现代爱情的四象限理论分为两个维度:快乐和成长,一共组成四种不同的爱情类型。首先要说明的是这两个维度的含义,沈奕斐认为"快乐"有两层含义:一是生理层面上的外表、气味、多巴胺;二是精神层面上,认为跟对方在一起做事很有意思,想要与对方分享我的一切。"成长"指的是自我觉醒和个人发展。

四个爱情类型的具体内容如下图所示:

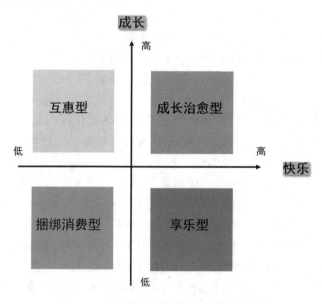

图4.8 沈奕斐现代爱情的四象限理论

一是享乐型(低成长,高快乐):享乐型的爱情的特征是有激情,会让人分泌多巴胺,让人心情愉悦,但是这样的爱情不一定会让人成长。这类爱情中人们的表现是可能被一个人好看的外表或身上好闻的气味所吸引,而喜欢上对方,认为和对方做任何事情都身心愉悦,很想表现自己。对于这个爱情类型,沈奕斐认为,我们应当放下对快乐的警觉,要接受和信任感受到的快乐的感觉。

二是互惠型(低快乐,高成长):互惠型的爱情的特征是恋爱的双方两个人很互补,能够相互促进成长,但不见得一开始就会充满激情和快乐。这里的"互补"是指除了精神世界性格的互补,还有物质上、经济上的互补。互惠型的爱情会带来一种非常重要的成长,叫"归属感的发展"(我是谁,我能为别人做些什么,我对世界有什么贡献)。互惠型的爱情会使得我们对自我更加肯定,让我们确立自我的价值,更有勇气去探索未知的世界。

三是捆绑消费型(低快乐,低成长):捆绑消费型的爱情是比较糟糕的一种爱情类型,这种类型的爱情会给我们带来很多痛苦,也不会让我们有很多成长。经常的表现是,你和一个人谈恋爱非常的不快乐,经常被对方贬低,觉得自己没有价值,对自己越来越不满意,社交范围也被对方限制,圈子变得越来越小,但是想离开对方的时候又有一种亏欠感。更糟糕的是,甚至会出现肢体暴力和精神捆绑(如 PUA)。我们在偶像剧里看到的"霸道总裁和玛丽苏"传递的就是捆绑消费型的爱情脚本,错误地把控制欲和占有欲理解成爱情。在这个类型的爱情里面,双方是不平等的。

沈奕斐认为爱情滑向捆绑消费型有四个征兆:你越来越不快乐;对方总贬低你;对方限制你的社交关系;经常提你做不到的要求。当你感情关系符合两条以上的时候,就要很警觉,可能需要做一个结构性的调整。

四是成长治愈型(高快乐,高成长):成长治愈型是最理想的爱情状态。这类爱情的特征是,让人不断地增加探索世界的欲望,从对方身上学到很多,同时和对方在一起还特别快乐,双方随着时间的推移一起成长,双方都对自己和对方越来越满意,感情也越走越好。要特别注意的是,感情是可以随着时间慢慢变成成长治愈型的,一开始就达到理想状态是非常困难的。

沈奕斐经过研究提出,大部分爱情都是从"享乐型"和"互惠型"的关系进入的,很难一开始就达到完美的成长治愈型。感情的相处,时间的维度非常重要,恋爱期间的双方通过不断花时间和精力,不断地调整、磨合慢慢将爱情变成更好的形态,而不是期待维持爱情最初的模样。

此外,沈奕斐认为,也有很多个案是从良好的类型,慢慢走向消费捆绑型,走向爱情的失败。其核心的原因是成长和快乐在很多时候是矛盾的,并不是让对方成长,他就会感到快乐。比如常见的问题是,当一个人要求另一个人去做自己认为是正确的有益于成长的事情,但是在另一个人眼里不是他想要的,这样感情就会开始出现问题。

当成长和快乐出现矛盾的时候,可能需要细想,这个成长是谁的成长,这个快乐是谁的快乐。并且很重要的是,不管你们再爱一个人,你也无法替代他成长,每个人都要自己去承担成长的权利和责任,以及相应的代价。

三、爱情的实践

你们已经了解了爱情的理论,现在面临一个更加困难的问题——爱情的实践,除了你们身体力行以外还有需要学习的东西吗?可能你们会希望得知"如何实践爱情"的具体建议,甚至想要一个"脱单指南"。但是以这样的期待去了解下面的内容可能你会失望。对于爱情实践的探讨,我们能做的就是讨论通往爱情的途径以及如何扫除这些途径的误区。具体的爱情与世界上任何具体的事物一样,都有其产生、发展和灭亡的过程,永恒的只是变化本身,因此,下面将从爱情的开始、维系和结束三个方面来展开,希望能给期待拥有一段美好爱情的你们一些启发。

（一）爱情的开始

1. 进入爱情的途径

沈奕斐认为当下中国的年轻人进入爱情的途径可以总结为四条：一见钟情、日久生情、相亲、网恋。这四种进入爱情的途径没有好坏之分，除了知道每一条路径，还得厘清这四个途径的一些误区，只有扫除障碍我们才能顺利进入爱情。

（1）一见钟情。一见钟情，顾名思义，一面就产生了爱情。一见钟情是一种充满浪漫色彩的爱情开端，特别符合人们对于理想爱情的想象，这样的开始会让人觉得看到了爱情的纯粹面貌。

然而，这里我们要厘清一见钟情里的两个误区。第一个误区，我们一见钟情的是内心。大概率上我们被对方较好的面容给吸引了，因为在很短时间内我们只能了解到对方的外貌。但是在东亚文化中，大众是不太能接受别人仅仅因为外貌而对自己产生好感的，人们会对自己的性魅力非常警觉甚至是贬低的，这和爱情旧脚本里女性要成为贤妻良母有关，这个道德的标准就是否定性魅力的，并且外貌是会随时间流逝的，人们会很担心自己的魅力不再像最初一样吸引人，而被人抛弃。第二个误区，一旦"钟情"，就要做一个终身的决策了，我一旦爱上一个人，我就要和对方过一辈子。这其实是错误的想法，一见钟情仅仅是此时此刻我们确定对彼此的感情是如此珍贵，我们可以凭借这个"眼缘"去开启一段感情，但这个钟情不代表永远。

为了走出一见钟情中的误区，我们需要做以下努力。第一，接受性魅力是自我价值的一部分，我们爱自己的全部，可以接受我们本来的面貌，也要学会欣赏别人的性魅力。第二，接受享乐型进入爱情，享受一见钟情给我们带来的纯粹的快乐，再通过时间的维度去把自己的爱情进化为成长治愈型。

（2）日久生情。日久生情，从字面上看就是两个人相处的日子长了，就会产生感情。这个爱情开端经常发生在熟人和朋友之间。

在日久生情中，最大的误区就是常常把爱情和友情对立起来。其实爱情里有很强的友谊成分，在斯滕伯格爱情的三角理论中，把激情和承诺两个因素拿掉之后的关系，只看亲密的话其实就是友谊。区分友情和爱情的，标准就是是否有性唤醒，对方是否有对异性的吸引力。我们要打开对亲密关系的想象，亲密关系很大程度上是一个谱系，爱情和友情并没有非常严格的分界线，我们要先学会交朋友，提升自己与人交往的能力。

（3）相亲。相亲也就是男女双方经人介绍后会面。在本质上，相亲是一种关系的中介，每个人把自己的价值拿到婚恋市场上去比较和衡量。

在相亲这个路径上面，出现最多的问题就是当自己的价值被世俗标准判断之后的不适感，常常感觉自己的价值被贬低，认为自己的独特性被否认了。所以，很多年轻人实际上是很不青睐"相亲"这个途径的。但是，我们可以换个角度去看待相亲。第一，相亲实际上是扩大了我们的朋友圈，可以被看作是日久生情的起点。第二，所有关系都需要中介，相亲本质上和朋友介绍、同学介绍对象是一样的，都是通过第三人的牵线搭桥来认识人。第三，相亲给我们提供了从互惠型进入爱情的机会，可以通过时间的维度进化为成长治愈型的爱情。

（4）网恋。网恋是指以网络为媒介，借用聊天工具等互相聊天，人们之间互相了解，从而相恋。这是当下年轻人非常常见的择偶途径，十分具有时代性。网恋在本质上也是一种中介，网络这个平台让我们认识一个可以发展成恋爱对象的人。

网恋有虚拟性的特征,因此常见问题就是线下"见光死"。我们仅仅通过语言声音图片游戏来了解一个人,在网络的隔阂下让我们会美化想象中的对方,抱有很高的期待,但是往往想象和现实会差距很大,失去了网络保护的恋情就会迅速告终。网络的虚拟性衍生出来的还有隐瞒性和欺骗性,有的人在网络中和在现实生活中完全不一样,甚至出现不法分子利用网恋来进行违法犯罪活动。为了走出网恋的误区,我们要学会管理自己的想象,再美好的网恋也有兑现的一天,线下才是感情真正开始的地方,我们去接触真实的人,能不能成为朋友,下一步才是能不能成为恋爱对象。

以上,四种途径都可以让人们通向爱的康庄大道,都各有利弊。当进入爱情的时候,我们其实是在学习如何与世界与他人更好地相处,我们要珍惜这样深度地与外界碰撞的机会。

2.进入爱情的困扰——单恋与暗恋

在人们想要发展一段恋爱的时候,有可能会遇到单恋或者是暗恋别人的困惑,这两种其实并不能算作真正意义上的恋爱类型,单恋和暗恋的基本心理特征是痴情,这是当事人自觉进行的一种强烈而持久的感情折磨。

(1)单恋。单恋又称为单相思,是指男女之间只存在单方面的爱恋思慕。当一个人喜欢上另一个人,然后对他(她)表示出自己对他(她)的爱恋之情,可对方不接受,并且拒绝时,如果那个人还是喜欢他(她)就是单恋。

单恋的表现特点如下:

第一,单恋现象比较常见且较多地出现在性格内向、敏感、富于幻想、有强烈自卑感的人身上。之所以出现单恋,主要是当事人对他人的认识出现偏差。心理学认为,人的认识是客观事物在人脑中的反映。这种反映有时会受到主观因素干扰,可能会出现偏差。单恋者往往由于对倾慕的对象一往情深,希望得到对方爱情的动机十分强烈。在这种心理的支配下,常常会把对方的言行举止纳入自己主观需要的轨道来理解,造成对对方认知的偏差。例如,对方一个眼神、一丝微笑、一句模棱两可的话语,在第三者看来微不足道,但在当事人看来却是爱的表示,并坚信不已。但是,由于性格内向又胆怯,不敢向对方表白,从而陷入单恋的深渊而不能自拔。

第二,单恋常常是初恋的触发点。每个人在恋爱之前总有那么一段单相思,大多数人一般会直接求爱,这种表白或许就会引起对方的注意,对方在关注了一段时间后,接受了你的求爱,单恋就变成真正的恋爱了。如果表白没有获得对方的接受,使得追求者认识到这种爱的不切实际,从而转移方向慢慢地结束单恋,不会引起多么严重的问题。但是,如果一味地强调自己的感受而任其单恋情感发展就可能会引起心理失调。这些人往往把自己淹没在苦海里而不能自拔。他(她)会在单恋对象可能出现的地方无限期待,假装一次普通的偶遇,然后盘算见面讲些什么。但如果真的万幸碰上一次却又草草结束对话,就会万分懊悔怎么没多说几句。有时候,单恋的人会在和他(她)见面的时候极力地表现自己,显示自己的存在,但是单恋的人都知道,这也是徒劳无功的。

第三,单恋带有很大的盲目性。在青春期发育的初始阶段,男女少年情窦初开,他们常常选择生活中或影视中的杰出人物作为自己仰慕、追求的偶像。在这个阶段的单相思可以说是少有顾忌的,并带有很大的盲目性,也容易产生心理问题。马克思指出:"如果你在恋爱,但没有引起对方的反应,也就是说,如果你的爱作为爱没有引起对方的爱,如果你作为恋爱者通过你的生命表现没有使你成为被爱的人,那么你的爱就是无力的,就是不幸。"

单恋的应对策略如下:

一是要分清爱情和友谊的界限。单恋是一种"爱情错觉",它的产生往往是由于自己爱上对方,而感觉对方也从言行上表示出对自己有好感的样子。其实,对方对你的好感,也仅仅是好感,或者只是一种友谊的表现。虽然好感和友谊在一定情形下可以发展为爱情,可它绝不是爱情本身。

二是要给自己的感觉打问号。心理学家认为,感觉只是人们认识客观事物的一种初级形式,它所反映的只是对事物的感性认知。因此,会对事物产生不正确的反映。而产生在感觉基础上的"爱情"只是一种感性感情,与真正的理性爱情不能相提并论。所以,当你感觉到某一位异性同学的温情时,一定要多问自己"为什么",进行冷静思考,切莫过分相信自己的感觉,免得作茧自缚。

三是要能够急流勇退,减少或避免与对方的接触。一旦发现自己陷入单恋的境地,就应该毫不迟疑地打消这爱情上的"海市蜃楼",尽快地摆脱自己编织的虚幻的情网,借助理智的力量获得感情上的解脱。如果你对对方一见钟情,爱之若狂,并且你觉得对方也很爱你,但很快又发现事实并非如此,就要急流勇退,牢牢地掌握住感情的舵,尽可能地减少或避免与对方的接触,这样就能克服虚荣心理和由于对方冷淡而造成的自卑感。反之,一味地穷追不舍反而令人生厌或使自己一蹶不振沉溺于单恋的泥潭不能自拔。

四是倾吐心中的忧郁。单恋之苦闷在心中愁肠百结,就会百病丛生。独自苦恼只会让自己越陷越深,但是对于自己的恋情发展完全没有益处。所以,当你感到困惑或者痛苦的时候,可把单恋的缘由、经过、幻想和苦闷向老师、家长或最知心的朋友尽情倾吐,听听他们的评说、劝慰。但切忌逢人便讲,不看对象诉衷肠,反而会徒增你的烦恼。

五是转移注意力。单恋的同学要拿出信心和勇气,与自己的脆弱感情做斗争。更多地参加集体活动或体育锻炼,就没有时间去关注单恋的对象。多方面激发自己的学习兴趣,确立一个学习的目标,如考研、考证等,把更多的精力放到学习上,把自己的生活、学习和工作变得充实起来。转移注意力一段时间以后,单相思就会慢慢地淡化,也会出现新的恋爱的对象,或许可以有一次真正的恋爱。

(2)暗恋。暗恋指一个人对另一个人心存爱意或好感,但因为种种原因,这种爱意没法宣之于口。所以,从本质上看暗恋不是恋爱,其基本心理特征也是痴情。

暗恋的表现特点如下:

第一,"爱在心头口难开"往往是源于胆怯,可能因为对方的条件优越而自愧不如,或因其中一方或双方已有伴侣等。暗恋的人往往会有夸大对方、贬低自我的倾向,这是不良的思维方式。

第二,暗恋通常是一种没有回报的爱,甚至全心付出也不会得到一点点的怜悯。暗恋通常比其他恋爱来得痛苦,除了要忍受对方不知道的恋情之外,还要默默忍受暗恋对象种种行为所带来的痛苦,如每天看着她(他)却因为很多原因不能去跟她(他)说话,看着她(他)与其他人快乐地玩闹,病了有别人疼着,有人照顾着,每天看着她(他)和别人的一切,自己永远在一角没人理睬,还要勉强自己装着什么都没有看见,装着自己一点也不在乎。当看到她(他)找到自己的另一半后,心碎却还要强颜欢笑地说些祝福的话,最后也只得到一句敷衍般的谢谢,但即使是一句谢谢也足够让暗恋的人开心很久。

第三,暗恋的现象出现于广泛的年龄层,涵盖了青年、少年、中年和老年,但更多出现在青少年群体。从性别来分析,暗恋的现象在男性与女性身上出现的概率是相等的。由于暗恋现象具有广泛性,暗恋也广泛地存在于各种文学作品之中。

第四,暗恋者喜欢沉迷于幻想之中,他们在恋爱中较少采取切实有效的行动。大学生生理成熟,心理还不够成熟,这种不合拍便自然导致了大学生的非理性化暗恋行为。当你越把爱欲投注于一个人的时候,这个人的光环就越艳丽灿烂,甚至连那一个人的缺点也成了魅力所在。

暗恋的应对策略如下:

一是勇敢直接表达自己的爱慕之情。大学生正处在恋爱的年龄,向意中人明白地表达爱慕之情是摆脱暗恋的直接方式。一般来说,暗恋者的意中人多是出类拔萃者,所以我们可以推想他们大多不理智。当你向意中人直接表达爱慕之情后,有可能会出现几种结果:接受或者拒绝,劝慰或者漠视。如果他(她)接受你的爱当然是最好的,如果他(她)拒绝了你,你可以大哭一场,或大怒一场,这对你来说也是人生必经的一次磨炼和情感体验。美梦醒来的瞬间虽然痛苦,但你很快会发现这也并非世界的末日,吸引你的事情还会不断地出现。

二是认知重构法。一个人一旦陷入暗恋,常常会美化和放大对方的优点,认为对方十分完美,自己的行为不再受理性思维的支配,受制于潜意识中的幻想。而这种幻想又往往与现实相混淆,这便是问题的症结所在,这个时候你必须静下心来分析一下自己的思维。他(她)很优秀,对我具有魔法般的吸引力,但我也不错,我要努力变得优秀赶上他(她)。如果我能和他(她)恋爱,我可能是十分幸运的人。如果办不到,我也有可能找到比他(她)更好的人。为了他(她),我愿意尽所能,但我没必要为他(她)忍受过多的折磨。我是一个独立的人,我不能失去自尊。如果坚持这一种方式思维,你便会恢复自己的理智。

暗恋和单恋的基本心理特征都是痴情,这是当事人自觉进行的一种强烈而持久的感情折磨,同学们要正确认识这两个概念并采用合理办法处理这两个感情的误区。

3. 正确对待和把握爱情

(1)正确处理学业与爱情的关系。

大学生要争取在学业成功的同时获得爱情。大学生要把学业放在首位。只有正确处理好恋爱与学习的关系,才能使爱情的力量转化为促进学习的动力,而学习的成功又会使爱情得到巩固和发展。在现实生活中,恋爱对大学生学习和事业的作用具有两种可能性:一是恋爱关系处理得当,可以成为学习和事业的催化剂,使人学习努力,成绩上升;二是恋爱关系处理不当,可能分散精力,浪费时间,情绪波动,成绩下降。恋爱是学习的调剂品,学习是恋爱的支撑体。但凡事都有个度,恋爱也不例外。爱情具有巨大的鼓舞力量,它能够振奋人的精神,使大学生们把爱情作为奋发学习的动力。在恋爱中的大学生理应处理好两个人的关系,合理规划时间,把爱情作为促进两个人学业进步、人格完善的积极力量。

(2)正确处理恋爱与关爱他人和社会的关系。

大学生生活在校园中,一切活动都离不开集体。因此,要开展一段美好且顺利的感情,处理好恋爱与集体的关系也是不可或缺的。在校园中,恋人不应该将双方囚禁于两个人的世界,如果过于游离,脱离集体,就会限制彼此的人际圈,妨碍个人的成长发展,不利于良好性格的养成,不利于对大学这个小型社会适应能力的提高。大学校园的集体活动对个人自身发展和个性塑造有莫大的促进作用。班集体活动与各种组织、社团活动都孕育着丰富的教育内涵,内容形式上也精彩纷呈,激励着学生释放天性,培养多种处事能力、应变能力,能够激发学生潜能,磨砺个性。如果因为不成熟的恋爱而对具有如此意义的活动视而不见,将对恋爱双方都造成损害。

(3)正确处理恋爱过程和恋爱结果的关系。

恋爱过程是恋爱结果的必要准备和量的积累,恋爱结果是恋爱过程的最后体现和质的飞跃。恋爱过程指向恋爱结果,恋爱过程影响恋爱结果。有研究显示大学生对校园爱情看中的是恋爱的过程,并非恋爱结果,这是造成"毕业季就是分手季"的最主要原因之一,这个研究结果揭示了某些同学的游戏心理,把爱情当作是消遣对象,对待感情不够真诚。然而也有一部分同学把爱情当成是生活的唯一重心,太执着于结果,害怕爱情的失败,一旦爱情失败就失去生活的信念,做出一些伤害自己或他人的事情。因此,对于恋爱的过程和结果,我们应该同样重视,抱着真诚负责的心态去享受爱情的过程,同时不能单单看爱情的成败,要看在恋爱过程中自己付出的努力和收获的成长。爱情的过程和结果是相辅相成的。

(二)爱情的维持

1. 如何看待爱情的维持和保鲜

对于人类来说,爱情是永恒的话题,是永恒的情感,无论何时何地,都是人类最古老又新鲜的话题,对爱情的渴望和执着是人类的天性。

对于现实中的个体来说,爱情存在一个可持续的时间,爱的激情会随着时间、自身条件、环境改变、对方条件的改变而发生变化。正如前文提到的沈奕斐现代爱情四象限理论,感情的相处,时间的维度非常重要,恋爱期间的双方通过不断花时间和精力,不断地调整、磨合慢慢将爱情变成更好的形态,而不是期待维持爱情最初的模样。个体的爱情也可能因为主客观原因滑向失败。因此对于个体的爱情来说,爱情是会发生变化的。我们需要做诸多的努力去经营、维持和保鲜我们的爱情。

2. 恋爱中提升自我爱的能力

大学的爱情具有不成熟性,在恋爱中提升自我爱的能力不仅有利于爱情的维持和保鲜,还能促进个人的成长和发展。

(1)学会克服自恋。

爱情中给予爱比接受爱更重要。学会爱别人,很大程度上要克服自己的自恋倾向,改掉以自我为中心的毛病。弗洛姆认为:练习爱的艺术,首要前提是克服自恋。有自恋倾向的人,只觉得自己内心存在的东西真实,对他来说,外界现象本身并不实在,他只会感觉到外界事物对他是有用还是有害。自恋的反面是客观,客观就是能够如实地看待人与物,能把客观景象与出于愿望和焦虑的景象区分开。弗洛姆认为,如果你想掌握爱的艺术,你就必须在所有情况下努力做到客观,必须培养一种敏感,自己不客观时,立刻就能察觉到。你必须努力分辨两个不同的东西,一是我制造的、遭受自恋扭曲的关于一个人及其行为的印象,二是那个真实的,不以我的利益、需求和焦虑为转移而独立存在的人。一旦能够客观,能够理性,学习爱的艺术的路程就走了一半。要做到客观就必须理性,理性是客观思考的能力。以理性为基础的态度是谦卑。只有谦卑下来,走出自己是完美的人的梦想,人们才能客观,才会理性地看待问题。因此,就练习爱的艺术而言,从以上讨论可以得出一个结论:培养爱的能力,必须收敛自恋,必须深化谦卑,提高客观,加强理性。

(2)学会理解。

在恋爱中要提升的第二个能力就是理解。理解并支持对方,做到善解人意。这是几乎所有人都希望自己的爱人具备的能力,但很多人都缺乏这一点,很多人都是习惯了讲道理,教育对方,而不知道对方需要的其实是你理解他(她)。在日常生活中,我们常常把理解当作一个原始词汇在使用,经常就听到有人说,在生活中,我们要理解别人;在恋爱中,两个人要相互理解。一说到理解,我们都明白它的意思,至于在现实生活中确确实实地做到理解,那却是一件困难的事。因为,我们总是习惯用自己的经验、以自己的思维模式去度量别人的想法或行为,在这种情况下,永远都做不到理解对方。那么,怎样才能做到理解对方呢?事实上,我们能够做的,就是信任,完全地相信对方的行为必有他自己的原因和考虑,进而做到理解对方。恋人相处中,理解要做到以下几点:

①尊重对方的个性以及能力,而不是凭自己的感情用事。
②接纳对方的信念和所做出的选择或决定,而不是评论或试图替其做决定。
③善意理解对方的观点及行为,而不是简单采取排斥的态度。
④以尊重并且恭敬的态度表达自己与对方不同的观点。
⑤不做价值判断,尊重对方的选择。

(3)学会宽容。

宽容其实也就是处理差异的能力,而这个能力是维持爱情关系的核心能力之一。宽容是尊重差异、允许成长。恋人或爱人之间吵架,发生分歧,很多时候都是因为缺乏包容所导致的,不允许对方跟自己不一样,不允许对方有些缺点,要控制对方或改变对方。新世纪的大学生,每个人都有自己的个性,特别是独生子女,本身两性存在巨大差异,每个具体的人之间又存在小差异,差异是天然的客观存在的,我们不能消灭差异,我们能做的是学会处理差异,学会宽容。

如何与另一个人亲密相处是一个要不断学习、磨合的过程。在这个过程中,宽容必不可少。在爱情中,两个人的争吵,除开很少的几个关乎原则性的问题,其他问题是很难分清楚谁对谁错的。这一点可以做两种解释:一种解释是两个人都错了,这是从两个人共同拥有的感情的角度出发而言的,因为两个人的过分争执行为必然会对这份感情造成破坏;另外一种解释是两个人都没错,这是从恋人双方各自自身的角度出发而言的,因为每个人的行为都是在满足自己的一些需求。可是在争吵中,恋人们总是喜欢从自身的角度去证明自身行为的正确性,而从双方共同拥有的这份感情的角度去强调对方行为的错误性。这种思维的对撞,让这样的争吵分不出输赢,理不清道理,而是往往以双方的沉默而结束,或是以一方的自以为是地占据上风而告终。而争吵的问题,却并没有被解决,而是隐藏起来成为一颗定时炸弹。如果我们改变一下这种思维方式,从共同拥有的这份感情的角度去反思自己行为的错误性,从自身的角度理解对方行为的正确性,所有的问题也就迎刃而解了,甚至还能让这次争吵因祸得福,让两人的感情更近一步。

(4)学会独立。

大学生刚刚从中学走进大学校园,三点一线的学生生活使得他们的独立能力没有得到很好的锻炼。在恋爱中,总是会出现一方过于依赖另一方的现象,而这一种依赖又是和安全感息息相关的。这里面存在着这样一种关系:缺乏安全感,不知道对方是不是真的爱自己,从而依赖对方,要从对方的行为中来证明自己的价值。习惯依赖,害怕独立。然而,过分地依赖恋人很容易形成一种恶性循环。靠别人给予的安全感,永远都是不安全的。那么,安全感究竟应该怎么去获得呢?安全感要靠自己去付出、去争取。求人以鱼,不如自渔。自己给予自己安全感才是真正的独立,能够独立,才能够让自己持续获得真正的安全感。人之所以为人,在于独立的思想、独立的人格,恋人不是一个人,而是两个独立的人。

(5)学会负责。

最后,爱情需要学习的能力是责任。在恋爱中,相互理解算是一种责任,相互包容算是一种责任,帮助恋人独立还是算作一种责任,甚至去弄明白责任的意义也能算作爱情中的一种责任。那么可以这样定义责任:去做爱情中一切该自己做的事,就是负责任。派克在《少有人走的路》一书中给爱情下了这样的定义:"爱是为了促进自己和他人心智成熟和人性进步,而不断拓展自我界限的一种意愿。"我们可以这样理解:责任就是在认识真爱的基础上去实现真爱,以达到两个人共同的心智成熟和人性进步。真正的爱,不是单纯地给予,还包括适当的拒绝、及时的赞美、得体的批评、恰当的争论、必要的鼓励、温柔的安抚和有效的敦促。

3. 恋爱中提升沟通交流能力

沟通交流是使得恋爱得以健康发展和不断成熟的关键因素,没有有效沟通,就不可能有牢固的爱情。伴侣是否在恋爱中感到幸福,关系是否能长久,取决于双方是否能清楚表达自己的想法并且真正理解对方的需求。下面将介绍恋人之间沟通的常见误区与正确沟通的原则和方法。

(1)恋人沟通的错误模式。

俗话说,谈情说爱。沟通对爱情维持的重要性不言而喻,如果两个人沟通出了问题,就会使彼此的关系遭到严重的破坏。一些学者对大量婚恋案例中的沟通状况进行了研究和分析,发现如下几种错误的沟通方式对爱情关系的破坏作用较大。

一是安抚型沟通。安抚型的沟通表现为,恋人嘴里总是挂着"是的""好的""没问题""我想也是如此"等顺应式的回答。在情侣们刚开始谈恋爱的时候,安抚型沟通往往会成为一种常见的交流方式。在恋爱初期,由于双方处在彼此不够了解的状态,在主观愿望上都希望对方能够爱上自己。因此,为了让恋人产生好感,有的人就把对于一些事情的不同观点、不满的态度和真实的情绪隐藏起来,使自己表面上看起来非常随和、温情和善解人意。在表现出这种交流状态的恋人为了使得对方感觉到自己是一个称心如意的恋爱对象,无论对方提出任何要求或想法,也不管其要求和想法是否合理,都一味地给予满足。他们很喜欢讨好对方,常常想尽办法取悦对方,甚至会做出许多不该有的道歉,所以,安抚型沟通也被心理学研究者们称为"讨好型沟通"。讨好型的人忽略自己,内在价值感比较低,他们的言语中经常流露出"这都是我的错""我想要让你高兴"之类的话,同时在行为上也过度和善,习惯于道歉和乞怜。

对策 正在恋爱的人不能一味地采用"安抚型沟通"方式,必须真实地面对另一方。如实地表达自己的想法、感受和观点,能够让对方了解自己更多的方面,从中判断彼此是否适合,要不要继续交往。毫无疑问,真诚的沟通,能够使自己自然地呈现在对方面前,给彼此以真正了解、审视和决定的机会。一个人越是真实地做自己越是在心理上放松和行为上自然,就越能够找到适合自己的伴侣,因为这样可以让适合的恋人也感到放松和自然,愿意留下来继续交往,发展彼此之间的爱情。

二是指责型沟通。采用指责型沟通方式的人,最突出的表现是凡事都怪罪对方,习惯于将责任或错误全部归结在恋人身上,一味地批评和埋怨。"都是你的错""你到底怎么搞的"是他们的口头语。很多时候,他们还非常挑剔,把微不足道的小事看成是天大的事,向恋人发泄所有的不满和责怪。在这样的恋人之间,除了互相指责,没有其他方式的交流。这种互动的结果往往会导致双方都变得十分谨慎，缩回到自己的"围墙"之中，以防受到对方的攻击。在指责型沟通的伤害下，昔日的情侣不再愿意互相倾听，也不再相互信任，而是产生彼此的排斥和失望。在许多情况下，一方可能会选择离开，即使两人都留了下来，也是处在感情上的分离状态。

习惯使用指责型沟通方式的人大多有如下几个心理与人格特征。其一，指责型的人通常感到孤单，有较多的失败经历，但他们宁愿与别人隔绝，也要保护自己的权威。他们往往是不自信的，因为觉得自己不够好，就"先发制人"，把所谓的"错误"推到对方身上，以显示自己的"正确"。他们觉得向对方展开有力的攻击，是维护自己尊严较好的防守。其二，指责型的人多数具有完美主义情节，总是追求最好的结果，如果达不到心中的"标准"，或稍有不如意，就开始大发脾气和无理指责。其三，指责型的人缺乏情绪管理能力，不能有效地控制和调节自己的情绪，遇到不满意的事情只会以发泄的方式去处理。其四，他们的情感表达能力比较差，难以正确倾诉自己内心的想法、需求和愿望，所以常常以指责的架势出现在恋人面前。

对策 为避免指责型沟通模式的形成和延续，情侣应及时释放和消解他们的压抑和怨恨这两种极端情绪，要以爱的态度来表达内心的负面情绪。无论是压抑负面情绪，继续强迫自己关爱恋人，还是变得充满怨恨，任意发泄心中的不满，都对恋爱关系有害无益。处在恋爱中的人必须学会及时表达自己的负面情绪，不要让坏情绪积留在心中。正确表达负面情绪的方法有许多，如诚恳地倾诉自己心里的感受，向对方提出积极的建议，还可以用书信的方式来表达自己的心声（在口头沟通不起作用的时候）。

三是超理智型沟通。采取超理智型沟通模式的人常常表现得极端客观，只关心事情合不合规定，道理是否正确，总是逃避与个人或情绪相关的话题，他们说的话毫无感情，说话口气刻板、单调和生硬，不考虑别人的情绪，让人感觉非常冷漠和机械。他们时刻告诫自己："人一定要理智，不论代价如何，一定要保持冷静、沉着，决不能慌乱。"超理智的人表面上看起来很优越，行为举止合理化，而实际上他们的内心很敏感，有一种空虚和疏离感。在与恋人进行交流时，超理智型沟通者会采取如同电脑般的机械立场，对事情的分析和判断都非常冷静，态度也十分冷酷，在谈话时并不在乎对方与自己的感受，随时保持着理性，以免出现情绪化。这种沟通方式经常会使对方感到挫折与愤怒，使两个人无法深入进行对话。超理智型的人在与恋人沟通时还表现出从不接受对方指出的错误，却总是希望恋人能遵守规则和履行职责。另外，这类人不会轻易表露自己的情感，也对恋人的情感予以压抑。因为害怕涉及情感，他们在谈话时宁愿使用一些事实和数据来申述自己的观点。

对策 超理智型沟通背后反映了一类人的同理心不够强，需要在恋爱中学会放下自己的戒备，真诚地与对方交心，学会理解对方，站在对方的角度思考问题。

四是逃避型沟通。采用逃避型交流方式的人会避开对方提出的问题，避免直接的目光接触和回答问题。这类人在交谈中不围绕主题，不直接回答问题或根本话不对题，习惯于插嘴和干扰对方说话，使得双方都会分心，难以集中到谈话的中心上，所以相互之间的问题就难以得到及时的解决。在与恋人交往的过程中，当他们遇到难以回应或处理的问题时，会用不相关的事情来做挡箭牌，以减轻自己面对那件事情的压力。因为担心直面问题会引起双方的辩论甚至是激烈的争吵，逃避型的人经常迅速转移话题，他们总是想尽办法躲开正在谈论的话题，尽力在两个人中间创设一种和谐的气氛，这样会使自己心里感到安全。

对策 恋人在交流中应始终保持"真实而直接地表达自己的观点"的原则。当两个人的意见不一致时,真实地倾诉自己的想法,并不意味着一定会损伤彼此的感情,如果沟通的态度正确并且语气得当,反而会增进相互的认识和了解,在两人之间产生更深程度的亲密感。坦诚能够在双方内心之间架起一座桥梁,也如开启了通往内心的大门,让两人都能感觉到真实的对方。恋人尽早地相互了解,思想及时交锋,正视彼此的关系,要比相互遮掩地讨好对方,把真实的自己隐藏起来,更有利于健康爱情的滋生和发展。

(2)恋人沟通的原则和方法。

为了正确表达自己的感受,情侣们应该将谈话的内容聚焦在对方的一个具体行为上,并且尽可能平和地、详细地进行描述。这样的"行为描述"不仅能告诉恋人自己的真实感受,还能使谈话不偏离中心,不涉及对方的其他方面。

在恋人面前清楚、诚恳地表达出当下自己的真情实感,容易促使对方认可我们的感受,给出一个体贴的、歉意的回应。在发展恋爱关系的过程中,真诚是最重要的,无论哪方都需要一个真实的恋人,而不是一个完美的恋人。

恋人在针对具体行为谈论个人观点的时候,应当用第一人称"我"来表述自己的感受,这对于双方都是有利的。例如,应该说"我现在心情非常烦躁",而不要说"你惹烦我了"。"我"的句式表达出对于理解的心理需要,更容易激起对方的同情与认可。

一是积极倾听对方的想法。在交流中收到对方的信息时,恋人有两个重要的任务,都基于认真的倾听。其一是准确地理解对方的意思;其二是将关注和理解表达给对方,使他/她知道自己的话语已经被听到和注意到,并且也被理解了。在情侣交流的过程中"听"是非常重要的,98%的良好沟通都取决于倾听。按照心理学的定义,倾听是通过积极地把听到的信息反馈给对方而产生的一种互动。

二是真正尊重对方的人格。尊重是一切良好人际关系的条件,更是健康恋爱关系的基石。无论两个人是刚刚开始谈恋爱,还是已经交往了一段时间,一直保持对于对方的尊重是一条非常重要的原则。情侣之间经常发生负面的、具有破坏性的吵架,很重要的一个原因就是彼此都失去了应有的尊重。

恋人之间的尊重具体表现在如下三个重要方面:

一是接纳对方。每一个人都有自己的优点和缺点,即使有一些方面是令人非常难以接受的,但一经决定对方成为自己的恋人,就应该接纳他/她的全部。接纳是建立温暖恋爱关系的前提,更是解决两个人冲突的关键。

二是具有同理心。要避免恋人之间发生破坏性冲突,双方都必须具有同理心。所谓的同理心,是指从对方的角度看待周围的事物,对待当下面临的问题和冲突。在心理学研究中,人们也常把同理心称作"换位思考"。同理心是人的情商的一个重要方面,是理解他人情绪和人格特征的一种能力,要求一个人能设身处地去体验他人的主观感受及内心的各种情绪状态。

三是不贬低对方。当恋人之间的交谈出现争论或不愉快时,常常会伴有贬低性语言。贬低的话对于调节矛盾无济于事,反而会给对方的怒气火上浇油,使被贬一方的自尊心受到严重打击。另外,还有些人习惯在争吵时贬低对方的父母或家人,这也是非常致命的。要想建立快乐、永久的恋爱关系,情侣在交流与沟通的过程中一定不能相互贬低和伤害。

恋人沟通的有效方法有如下几点。

一是多用正面、肯定的表达方式。从心理需求的角度来看,任何一个人都需要得到别人的肯定,尤其是从恋人那里获得赞扬和欣赏。正面的表达,不仅仅包括表扬,更多是积极的、正面的表达,不说反话,正面传递所表达的信息。赞扬能够让双方的感情更加深厚,使他们的爱情得以巩固。恋人之间的欣赏也能促进爱情的不断发展。

恋人之间要想给予彼此恰当的赞扬和欣赏,就要在日常生活中善于发现对方的优点与长处,并且在互相交流中及时表达出自己的看法。得到别人的赞扬和欣赏是一种精神上的抚慰,任何人都不会排斥真正欣赏自己的人。如果一方能够欣赏对方,会给另一方增加很大的心理愉悦感和自信心,从而使两人的心变得更近。在沟通中向对方表达赞扬和欣赏,可以用多种方式:用肯定眼神和微笑传递发自内心的欣赏;用语言来直接表示称赞;用肢体动作表示欣赏,如给一个拥抱或击掌,身体接触是交流的一种有力表达方式,能够慰藉心灵传递温暖的情感;可以通过微信消息、纸笔、电子邮件等方式,用文字来表达赞扬和欣赏。这些方法可以使双方的心理获得很大的满足感,使彼此的爱情得到进一步的滋养。

二是利用XYZ方式进行表达。情侣在沟通中表达不愉快或气愤的情感时,常常表现出批评、埋怨、轻蔑等心理情绪。这些表达方式没有真切地说出自己的感受,而是直接向对方发起攻击,对于恋人之间的交流会起到极大的破坏作用,使两人的沟通遭受阻隔。为了促进情侣之间的有效交流,心理学家提出了一个简单的 XYZ 表达方式。X 表示发生的某种情况,Y 表示恋人的某种行为,Z 表示自己的真实感受。按照这个方式,恋人可以向对方说:"当我们在路上开车时(X),你没有先问我就换了频道(Y),我觉得很受伤,因为你没有考虑到我的存在(Z)。"这样表达比直接说"听音乐时你根本不考虑我的存在"要好得多,对伴侣更有建设性,听起来更令人信服。处于恋爱中的情侣应当高度重视两人交流的表达方式,决不能轻视这个问题,要在彼此沟通中不断地学习,自觉地提高沟通意识和交流能力。

三是明确彼此争吵的内容。许多情侣之间之所以经常发生争吵,其主要问题是他们抓住交往中的一些枝节不放,很难放松地面对彼此的差异和不同意见,无法互相谦让和妥协。婚恋研究学家经常告诉恋人们,一般情况下,90%的争吵话题是可以被忽略的,不值得两人为其大动干戈。生活中有各种各样的事情,绝对不是所有的事情都要分出泾渭分明。正在恋爱的年轻人要学习去分辨什么应该被改变、什么能够被改变以及什么应该被忽略。尤其在双方发生冲突的时候,更要弄清楚为之争吵的事情是否重要,是否值得彼此为其争论不休。

有些恋人在争吵的时候,并不清楚他们在为什么吵架,也没有清楚地定义"问题"。如果不知道问题到底是什么,也不清楚出现冲突的原因在哪里,恋爱过程中的争吵就会成为一种习惯,变成彼此交流的一种模式。因此,情侣应当学会找出引起冲突或激怒的根源,并且试图找到与其相关的因素,如脾气秉性、兴趣爱好、成长经历、文化修养等。在争吵发生时,恋爱双方可以彼此询问:"我们到底在为什么而争吵""我们意见不合的真正原因是什么",双方了解了冲突背后的原因,搞清楚了为什么事情而争吵,就容易将紧张感或气愤的情绪放松下来,也能避免小题大做或将问题泛化,一般也会自行化解矛盾。

四是诚恳地向对方认错。婚姻研究专家指出,要维系婚姻的幸福,夫妻双方要接受一个共同的观点:要学会道歉。如果不能向对方道歉,那么就不会忠于彼此的关系。在恋爱过程中也是一样,某种不愉快在情侣之间发生后,真诚的道歉是非常有益的,它能成为解决问题和加深关系的推动力。真诚道歉是对于恋人最好的坦诚,它可以使自己的过错变小,得到对方的谅解,能够成功地消除矛盾。

对于年轻人来说，向恋人做出真诚的道歉有时会不太容易。他们常常摆出道歉的姿态，也说出道歉的话语，但心里面却没有真正地存有歉意。草率或敷衍的道歉只是为了避免冲突升级，躲开真正需要解决的问题。这样的道歉不会赢得对方的理解，还会阻碍彼此真心的交流。在恋爱中，只有双方都认识到彼此的责任后，诚恳的道歉才会发生。道歉是在用一种方式表明，双方必须对自己的行为和话语负责，出现错误后自己愿意承认和检讨。另外，道歉也意味着自我改变的意向和决心。而且情侣懂得了何时应该道歉及如何表示道歉，爱情关系就会变得愉悦和顺畅。

向恋人表达歉意的方式很多，可以向对方真诚地说"对不起""我错了""请原谅"，也可以给对方买个小礼物表示道歉，用实际行动弥补自己的过失，在行为上做出真诚的悔改，等等。无论道歉的形式如何，真诚是最重要的，诚心的道歉会给情侣带来新的亲近关系，使双方产生如释重负的美好感受。

(三) 爱情的结束

爱情是美好的，恋爱是幸福的，这是人们对于两性相爱最普遍的描述。人人都希望自己的爱情有一个美满的结局，可是现实生活中的恋爱不都以喜剧而告终，因为种种主客观原因，恋人分开，爱情结束是很常见的事情。与恋爱的幸福相反，失恋是痛苦的，令人心碎的，甚至造成心理阴影，或者是受到不理智恋人的肢体伤害，悲剧将伴随着整个生命的旅程。

为了避免由于失恋而造成身心上的伤害，正处于恋爱时期的青年人非常有必要深入了解和认识失恋的行为表现和心理反应，掌握一些心理调控的方法，以便使自己在遇到类似情况的时候，能够采取有效的策略，顺利地走出失恋困境。

1. 失恋的概念

一般意义上所谓的失恋是指失去恋情和恋人。爱情心理学对失恋的严格定义是：在热恋期时，其中一方由于某种原因，觉得对方已经失去了在心中爱的位置，主动中断与对方的恋情，而对方的感情仍难以平复，才处于失恋状态；或双方由于某种不可抗拒的外力作用，被迫中断相互间的恋爱关系，双方的感情都难以平复，都处于失恋状态。

2. 失恋的表现

失恋之后的表现是多种多样的，常见的表现如下：

一是不适的生理反应。由于对失恋没有预先的心理准备，或者是第一次经历失恋，完全没有应对的经验，年轻人难以承受失恋强烈的打击，通常会出现食欲减退、夜不能寐、身体乏力、注意力不集中等生理反应。

二是强烈的自卑感。失恋者最突出的心理特征就是自卑，感到心灰意冷、羞愧难当，对自己充满否定的情绪，怨恨自己没能留住恋人。他们在失恋后通常会认为自己一无是处，非常懊悔和愧疚，对自己爱的能力及被爱的价值产生很大的怀疑。他们还会把失恋的原因完全归结于自己身上，认为自己是一个无能的人。在失恋的打击下，具有自卑心理的青年人要想重新建立自信，找回自我价值感，得花费较长的时间，除了自我调节还需要外界的帮助。

三是强烈的报复心理。这种情况通常发生在一些自以为感情受到欺骗、玩弄的失恋者身上。他们为了宣泄自己的愤怒和不满，可能采取非理智的极端行为，甚至干脆以自己的沉沦来报复社会和他人。通过嘲笑、谩骂、毁容等伤害对方的报复方式来摆脱挫折感。具有强烈占有欲的人，常用"非爱即恨"的感情模式来处理生活中的感情危机。

四是迁怒于他人他事。失恋者易将消极的情绪迁怒于无关的人或事物中去。如易发脾气，对任何事都觉得不顺心，容易发怒。这种无端的迁怒常会导致行为偏激，导致他向攻击，即失恋者在爱和恨的感情上无法解脱时，他（她）不忍心攻击自己昔日的恋人，而是把矛头指向与恋爱无关的第三者。

五是逃避现实，失去信念。失恋使得当事人自尊心受到严重的挫伤，会产生强烈的自卑感。有的甚至从此拒绝爱情；有的性格变得孤僻、古怪甚至产生自杀念头或行为；有的采取避免与现实接触的方法来逃避挫折。例如，有的女青年失恋之后，把自己整天关在房间里，与世隔绝，以求精神安慰。更有甚者，离家出走当尼姑、和尚。这种消极避世的态度实际上带来的是长期的身心损伤。

以上这些失恋的表现，都是极具危害的，会给失恋者本身、周围的人及社会带来极大的危害。因此，青年人在恋爱中如果遇到了失恋的情况，要特别注意使自己的心理处于健康的状态，尽最大努力以平和的心态和坚强的意志面对失恋的打击与痛苦，并且积极地寻求多种方法和途径，缓解和驱除由失恋引起的各种负面心理情绪，使自己能够战胜失恋的精神痛苦，迎来生命之花的重新绽放。

3. 失恋的应对策略

失恋给青年人造成的心灵打击是极其沉重的，无论一个人的性格多么坚强，他都会受到很大的影响。在非常糟糕的情况下，失恋完全可能击垮人的意志，破坏失恋者的心理平衡，给其生活、工作乃至前途带来巨大的损失。然而，我们是可以处理好失恋的。失恋者应该以正确的态度来对待失恋这件事，采取积极的应对策略，提升自己面对困境的意志品质，在时间的作用下，伤口会愈合，可以将过去恋情的经验转化为重新出发的动力。失恋者可以通过自我调节和他人帮助来减轻痛苦，让自己的精神振作起来。

（1）自我调节。常言道，解铃还须系铃人。彻底走出失恋，失恋者自己的努力是最重要的。由于每个人的心理承受能力不同，所处的客观环境和条件也不尽相同，失恋的青年人可以选择适合自身的心理调节方法。

情绪宣泄法：青年人在失恋后最常出现的是抑郁情绪，即心中有很多的委屈和沮丧，如果不及时宣泄，会造成更为严重的后果。心理学的许多研究显示，人为地压抑情绪和抑制情感，会使在恋爱中被抛弃的人更加痛苦，也就是说，暂时镇压情绪，只会让下波情绪在发作时，更加剧烈和难以控制。所以，如果真要摆脱这种心理困境，必须及时地释放心中的压抑感。失恋者在最痛苦的时候，可以独自放声哭出来，通过眼泪来尽情地宣泄心中的郁闷；也可以拿起纸笔，写出想要抒发的心声。总之，将积压在内心的负面情绪及早地排解出去，对于失恋者尽快恢复正常的心理状态，是非常必要的。

环境变换法：有些时候，尽管失恋者尽力去战胜痛苦的心理感受，但还是不能有效地减轻心中的伤痛感，此时就要采取更换环境的方法。许多婚恋研究专家建议，失恋者可以采取独自出去旅游的方式来削减和消除失恋造成的悲伤情感。当一个人看到一种新的景色时，如自然山川、田园山庄或别国风情，由于陌生环境的感官刺激，会使失恋者渐渐淡忘失恋的痛苦，不断增添心理的能量。在别样的风景中，失恋者能够放宽视野和胸襟，感悟到失恋其实算不了什么，人生还可以品味无数多的美好事情，还能体验到更多快乐的经历。这种通过变换环境以改变心境的方法,在绝大多数情况下是非常有效的。

注意力转移法:如果失恋者在客观上暂时没有条件更换环境,不能去旅游或出公差,也可以通过转移注意力的方法,来消解失恋引起的痛苦。在对方拒绝继续恋爱的情况下,被抛弃的一方可以人为地加大自己的学习内容或工作任务,在原来的基础上花更多的时间和精力。这样,就可以用比较充实的生活内容,来占据大脑的思维空间,逐步抹去悲伤记忆的痕迹。另外,失恋者还可以去满足自己的兴趣和爱好,如参加体育活动、唱歌、跳舞、读书、下棋、作画等。在这些活动中,他们可以投入身心,沉浸在当下的情境里,便能够有效地转移注意力,缓解甚至消除原来的痛苦情绪。

总之,失恋后最重要的一点是,要让自己忙起来,用丰富的生活、学习或工作来陪伴自己。一个很有效的方法是为自己制定一个相对忙碌的时间表,把每一天按照时间段来排满,使自己没有空回味失恋的苦楚,渐渐远离痛苦或绝望的心境。

冷静分析法:在面对失恋打击的时候,青年人除了可以采取上述方法舒缓情绪以外,还应当尽量让自己冷静下来,为自己做一次全面而客观的分析。失恋者可以想想对方提出分手的原因,他/她为什么会离开自己,是对方的不是,还是自己的问题。如果是对方对爱情没有严肃的态度,不珍惜两个人的感情,开始移情别恋,那就没有什么可惋惜的,自己不值得对过去的恋情念念不忘,更不值得为此伤心落泪。而如果是自己在恋爱中做得不好,存在许多缺点和毛病,没有与对方和谐相处,那就要进行很好的自我反省,认真分析自己的所作所为。在冷静的思考之后,由于两人分开的原因被梳理清楚了,怨恨情绪或自责心理会明显地减小,使人变得理智和安静,战胜痛苦的心理力量也会愈加强大起来。另外,经过冷静分析得到了全面的自我认识,还有利于在日后的恋爱生活中,吸取以往的教训,克服自身存在的不足,做好充分的心理准备,使新的爱情能够顺利而健康地发展。

自我激励法:失恋对青年人的最大负面效应是对自信心的打击,很容易使一个人丧失自我价值感。所以,失恋后特别要做的事情是尽力保护好自己的自信心,用自我安慰的方式"稳住"自己。这就需要失恋的人采取自我激励的方法,肯定、接纳和支持自己。具体来说,自我激励可以是发现自己的优点和长处,并且在心里称赞自己;也可以是每天对着镜子自我鼓励,从失恋的困境中能够坚强地挺过去;还可以是给自己一些物质上的待遇,女性可以买几件漂亮的衣服,用艳丽的颜色来带动开朗的心情,男性可以吃上几顿佳肴,用鲜美的味道取代心中的苦涩。自我激励的作用能够让人有充足的心理能量,战胜精神的痛苦和心灵的衰落。自我激励还能使失恋者逐渐明白:强制别人留下来给自己爱的祈求是不理智的,这种爱非但不能结出爱情的果实,反倒是爱情悲剧的根源。任何在恋爱中被对方"甩"了的人,如果能从积极的角度看待失恋,把它当成是人生不可多得的经历,作为人格发展成熟的重要阶梯,他/她就会利用这个看似"厄运到来"的机会,不断地激励自己,使自己看到人生的价值和意义,从情感挫折中坚强地站起来,向着美好目标重新启程。

自我安慰法:面对恋爱的失败,失恋者还可以从更加理性的思维角度,来进行自我安慰和解脱。他们不妨这样想,对方能够及早地提出和自己分手,暴露两个人之间的问题和矛盾,其实是一件值得庆幸的事情。如果两个人一直勉强在一起,对方并不真正爱自己,等到结婚成为夫妻以后再爆发冲突,那就为时太晚了,会使两个人更加痛苦,甚至造成离婚的结局。因此,现在分手非但不是坏事,反而对两个人来说都是一件好事。失恋虽然会带来一时的痛苦,但是却避免了一世的痛苦,可以使双方有了重新寻找幸福的自由和机会。失恋青年若能这样看待对方的离开,以非常客观的态度进行自我安慰,就一定能够很快地走出失恋的低谷。

(2)他人帮助。尽管失恋后的心理调适主要靠失恋者本人,但是在心理困惑严重和情绪比较压抑的时候,要学会向他人求助。合适的求助对象有:家人、朋友、老师和专业心理咨询人员等。

失恋后,一般要经历四个心理感受阶段,包括震雷般的轰击感、焦灼的痛苦煎熬感、烦躁不安感和冲动平息感。在前两个阶段里,失恋者容易出现危险行为,一般三至五天,多则十天到半个月,甚至时间更长。如果负面情绪不能及时得到消解,失恋者容易发生抑郁、自杀和伤害对方等不良心理倾向。因此,失恋者这时应当将自己内心的委屈、痛苦和愤怒向家人或亲朋好友倾吐。往往泣不成声的哭诉如同燥热天气中的一场雷雨,暴雨过后便会出现清新、爽朗的心境。

向亲友倾诉的过程中,失恋者可以听到他们对于此次恋爱的评价,分析如果恋爱继续会有什么危害和隐患,恋爱不成功会得到哪些体验和教训。他人的陪伴和开导在很大程度上能减少失恋者的沮丧和怨恨。有的失恋者的心理反应是非常严重的,生理上也会出现不适,这个时候失恋者一定要寻求专业心理咨询人员的帮助,在科学的心理治疗方法下使得身心恢复健康状态。

失恋是令人痛苦的一个经历,你可能会经历一些情绪上的起伏,这是正常的。允许并接纳自己的伤心难过,给自己足够多的时间,每个人的难过情绪都不会有固定的期限,而比期限更重要的是不否认难过的存在,但相信生活也能在难过中同时继续,失恋不等于失败,如果能从上一段感情中更好地认识到自我的需求,磨砺了自己的沟通能力,这些都会成为重新出发的宝贵财富。

(四)爱情的归属

1.婚姻是爱情的归属

爱情是婚姻的出发点,婚姻是爱情的归宿。从爱情到婚姻是一个自然发展的过程,就好像春天种下爱情之树,夏天开放爱情之花,到了秋天就结下爱情之果一样。从爱情到婚姻是情感的一个完美过渡,是爱情发展到了一定阶段成熟的标志。婚姻在爱情的内涵上加入了亲情,使得爱情更加绵长和稳定,使得爱情由虚幻的画面变成最美的实景。

2.结婚的有关事项

(1)结婚的概念。

结婚,法律上称为婚姻成立,是指配偶双方依照法律规定的条件和程序确立夫妻关系或者配偶关系的民事法律行为,并承担由此而产生的权利、义务及其他责任。

结婚的主体是男女两性。不是由男女两性生理差别的结合,便不构成婚姻。同性别的人之间不能结婚。

结婚行为是法律行为。申请结婚的双方当事人必须遵守法律的规定,履行法律规定的结婚登记程序,否则,婚姻关系不产生法律后果。

(2)结婚的条件。

①结婚的必备条件。根据《中华人民共和国婚姻法》(下面简称《婚姻法》)第五条:"结婚必

须男女双方完全自愿,不许任何一方对他方加以强迫或任何第三者加以干涉。"《婚姻法》第六条:"结婚年龄,男不得早于二十二周岁,女不得早于二十周岁。"

②禁止结婚的情形。《婚姻法》第七条:"(一)直系血亲和三代以内的旁系血亲;(二)患有医学上认为不应当结婚的疾病。"

③婚姻无效的情形。《婚姻法》第十条:"(一)重婚的;(二)有禁止结婚的亲属关系的;(三)婚前患有医学上认为不应当结婚的疾病,婚后尚未治愈的;(四)未到法定婚龄的。"

3. 大学生如何对待婚姻

婚姻是爱情美好的归宿。2016年教育部颁布的《普通高等学校学生管理规定》明确,在校大学生如果符合我国婚姻法规定的结婚条件,可以结婚。但即便具备我国婚姻法所规定的结婚条件,并且双方都有结婚成家的强烈愿望也要对结婚成家持谨慎、理性的态度。大学时期的根本任务是完成学业不断提升和完善自我,在尚未走向社会时就草率地结婚成家,会对学业和生活产生许多负面影响。婚姻不仅代表两情相悦,更代表责任和义务,因而一旦结婚成家,就要及时调整和转换角色,承担起相应的责任和义务。由于大学生在校生活期间基本上还是一个消费者,大量的家庭开支难免要从大家庭获得,结婚成家的大学生还要合理筹划,量力而行,勤俭节约,尽量不给父母增加过多的负担,也不能因此影响自己的学业。

他是不是还爱我?

小军和小燕在高中时都是非常优秀的学生,学习成绩都很好。小军文质彬彬,比较懂得关心人,小燕天生丽质,清纯可爱,是典型的乖巧小女生。他们在相识时一见钟情,但为了考上理想的大学,两人学习非常努力,彼此不经常见面。高考结束后,小军和小燕正式确立了恋爱关系,沉浸在初恋的甜蜜中,而且都很珍惜他们的感情。考上大学之后,两人分别去了不同的城市,小军在上海,小燕在武汉。虽然距离很远,但并没有使两人疏远,反而因为长久的思念加深了感情,都迫不及待地等着放假回家见面。

出乎预料的是,在两人见面之后竟然出现了问题。小燕很想让小军每天都陪着她,和她一起逛街、上网、吃饭等。而小军却希望能有一些可以自由支配的空间,和自己的朋友聚一聚,当然也包括高中的女同学。小燕对小军的要求和做法非常不满意,每次知道他和同学在一起(特别是有女同学的时候)就很不高兴。有一次,小军和几个女同学一起出去聚餐,因为害怕小燕不高兴就没有告诉她。这事碰巧让小燕的一个同学看见了,不经意地告诉了她。小燕听到此事非常生气,认为小军欺骗了她,开始怀疑他们俩之间的感情。小军对小燕的反应非常不理解,觉得自己很委屈。他们为这件事争吵了半个月,双方僵持不下,最后只好以小军做出检讨而告结束。

回到学校后,小燕的性格变得更加敏感,偷偷登录小军的QQ,多方打听他的行踪,非常渴望小军能时时刻刻关心和理解她。但小军学习比较忙,有时候无暇顾及小燕脆弱的心理反应,没有与她时刻保持联系。小燕便因此觉得小军已经不在乎她了,也不再喜欢她了,就每天追问小军是否还爱她。在小燕没完没了的纠缠下,小军觉得小燕是在无理取闹,变得越来越陌生了,似乎已经不是自己所钟爱的那个纯情小女生了。虽然目前他们因为舍不得这份感情还没有分手,但频繁的吵架已经使两人感到身心疲惫。

案例点评

从这个案例中我们可以清楚地看到,虽然小军和小燕的爱情基础比较好,两人有着比较深厚的感情,但由于小燕对小军产生了强烈的占有欲,在很多方面要求甚至控制小军的行为,使得两人的关系发生了变化,爱情遭到破坏。心理学中的"留白效应"原理告诉我们,在人际交往的过程中,人与人之间要留出一定的自由空间,不能彼此控制或强制,失去理智的一些强求,必定会损毁两人之间的关系。在爱情的领域里也是一样,如果两人之间出现无休止的追问、纠缠,必然会伤害到彼此的感情。爱情就像手中的沙子,一旦两只手握得太紧,沙子就会受不了指缝之间的压力而四处散落,而且握得越紧,沙子会散漏得越快。所以,恋人之间需要"留白",双方都给予对方一定的自由空间,并且要彼此理解和信任,这样爱情才能呼吸顺畅,才能得以健康长久地发展。

案例中的小燕对于爱情极度狂热,过分看重爱情,想时时刻刻把握住爱情,却没有真正享受到爱情所带来的幸福和甜蜜。她心里不安,充满猜疑和嫉妒,使得她对小军的感情变了质,因而也使小军对于这份爱情产生了动摇。这个教训十分深刻,恋人们要切记,爱情的维系和发展要靠两人彼此的尊重、包容和信任,要有一定限度的宽松和自由。

第四节　身心健康

作为新时代的大学生,面对着日益激烈的社会竞争和亲人朋友深深的期许,我们承担着压力,肩负着责任。生活在如此环境下,只有拥有良好的身体素质,我们才能担起建设祖国建设未来的重任;只有拥有健康的心理,我们才能站于"压力"大山的顶峰。如果你没有这两大健康的保驾护航,即使你有过人的才华,也只能是空有一腔热血而无处也无力施展才华。

一、身体健康

随着时代的进步,大学生这个群体陷入了一种普遍的亚健康状态。他们缺乏运动,长时间接触手机或者电脑这种高辐射电子产品,饮食不规律,吃各种垃圾食品等。因为这种不良的生活习惯,大学生的身体素质和健康状态普遍下降。

然而,有数据显示,人们到了25岁之后,身体开始进入衰老期,年轻时对自己健康的折磨后果都将会一一地呈现出来。身体是革命的本钱,作为祖国未来的花朵,国家将来的栋梁,我们大学生应该时刻注意自己身体的健康。为了自己的身体健康,大学生们应该做到以下几点。

(一)吃一顿营养的早餐

早餐是激活一天脑力的燃料,不能不吃。许多研究都指出,吃一顿优质的早餐可以让人在早晨思考敏锐,反应灵活,并能提高学习和工作效率。研究也发现,有吃早餐习惯的人与没有吃早餐习惯的人相比不容易发胖,记忆力也比较好。

(二)每日5个蔬果

这是1991年,由美国国家癌症研究院和健康促进基金会,共同推动的全民营养运动。根据调查,多吃蔬菜水果的人,可以减轻癌症与心脏病的风险。建议你,把蔬果放在最容易看到、随手就可以拿到的地方,提醒自己多吃蔬果,也可以把蔬果切成块,作为点心,代替那些会令你发胖的饼干、零食。

(三)每日运动30分钟

1. 在生理上

(1)长期定量的体育运动,有利于骨骼与肌肉的快速生长,通过新陈代谢的加速运行,使骨的结构和性能发生变化。其表现在以下几方面:骨的密质增厚,骨骼变粗,骨的排列根据拉力和压力的不同更加整齐而有规律;有利于骨表面肌肉的凸起,从而增大和增强心肺的运动功能;改善血液循环,高效地把氧气和营养物质运送给各组织、细胞,同时把组织、细胞产生的二氧化碳和废物运送到肺、肾等处排出体外;促进人体生长发育,提高抗病能力,增强身体的适应能力。

(2)长期的体育运动可以焕发活力和青春光彩。

通过平日的体育运动,可以促进骨骼的快速发展,减少骨质疏松;增强身体各部分关节的灵活性,延缓各种老年关节病的发生。长期坚持跑步可以加强身体的新陈代谢功能,延迟骨骼的退化,从而达到延缓衰老、美容养颜的效果。

(3)体育运动是增强体质最有效、最简单的方法之一。

经常性地进行体育运动,会使人体的新陈代谢旺盛,血流量增大,毛细血管的数量增多,从而使血液得到良好的供应,身体内各种营养物质的吸收与贮存能力大大增强,使身体变得更加强壮。

2. 在心理上

(1)体育运动不仅可以调节人体的紧张情绪,还能够改善人的生理和心理状态,可以让人快速地恢复体力和精力,以最快的速度达到精神饱满的状态,从容地解决所遇到的压力与困难。体育竞赛中的成功与失败是一种对人格的考验,考验的不只是技术水平,更是心理的比拼。重要的是参与,而不是取胜。在各种的成功和失败中,正确地处理各种挫折和困难,形成独具特色的人格魅力。

(2)长期定量的体育运动可以使身心得到舒展与放松,有助于睡眠和消除日常学习带来的压力,适当的运动,可以宣泄心中的乏闷,消除心理上的紧张情绪,调节心理状态,维持心理平衡,从而提高人的生命长度与质量。

(3)长期定量的体育运动能够增进身体的健康发展。适量的运动,可以使疲劳的身体得到良好的休息与放松,使组织细胞内的酶随之变化,提高酶的活跃性,加速物质与能量的新陈代谢,从而增强体质,使我们能够精力充沛地投入到平日的学习和工作中。

(4)日常的体育运动可以改变一个人的气质与能力,让其拥有一个健康的心理。一般来讲,心理健康的主要标志或基本内容大致包括以下五个方面:智力正常、情绪健康、人格统一、良好的心理适应能力、良好的心理素质。

许多研究都指出,每天运动30分钟就可以得到诸多的好处,包括:预防心脏病、糖尿病、骨质疏松、肥胖、忧郁症等,甚至有研究指出,运动可以让人感到快乐,增强自信心。如果你很久没有运动,建议你循序渐进,慢慢增加运动的强度,可以从最简单的步行运动开始,每天快走

20～30分钟,持续走下去,一定能感受到许多好处。

(四)把大自然带进屋内

静听雨打落叶的声音,或望着鱼儿在水中优游的模样,都能给人安详宁静的心境。专家指出,与大自然结合的感觉可以减轻压力。在家中或办公室中种植盆栽,或养一缸鱼都是不错的建议。

(五)戒烟

抽一根烟会产生超过4000种化学物质,其中40几种会致癌,吸烟者死于肺癌的人数是不吸烟者的16倍。戒除吸烟的习惯,不仅对自己的健康有利,也是对家人爱的表现,因为二手烟比一手烟还毒,已被WHO列为头号致癌物质,而孩子往往是二手烟最大的受害者。超过四分之一的婴儿猝死是因为父母吸烟,导致婴儿吸入二手烟引起的。二手烟也会增加儿童气喘的次数,且会加重病情。

(六)吃饭时把电视关掉

研究儿童肥胖和收视习惯的学者发现,儿童在吃饭的时候看电视,通常会容易导致肥胖,且会延长收看电视的时间高达70分钟。所以不管大人或小孩,吃饭时,最好关掉电视,专心地吃饭,好好享受桌上的食物。

(七)劳逸结合

只知埋头工作,容易热情缺失,不妨放轻松一点。准备一本剪贴簿,收集漫画、笑话等幽默的材料,每天不时拿出来翻翻,让自己开怀大笑几声。也可以在工作之外培养一些兴趣爱好,缺乏娱乐,是很难为自己打气的。

再忙也要和家人聊聊天,拥有亲密关系可以预防与减缓心脏病,甚至可以提供生命坚强的抵抗力。不管外在生活多么多彩多姿,每个人都需要拥有可以打开心扉、分享心事的亲密关系。所以不管再忙,每天也要和家人聊聊天,滋养彼此的亲密关系。

(八)让自己有好睡眠

好的睡眠品质比睡眠时间的长短更重要。以下几个步骤可以让你睡得更甜美:

(1)先整理床铺,把棉被、枕头打理到最舒适的状态。

(2)以自己最自然、最舒适的姿势躺着。

(3)做几个深呼吸,让自己放松下来。然后用感觉从头到脚扫描一遍,看哪个部位紧绷,再试着放松下来。

(4)如果心里还想着工作,可用数息法,想象自己呼吸时,把负面的情绪吐出去,然后把正面的能量吸进来,来回呼吸几次,直到心情平静。

(5)全身心放松,渐渐入睡。

二、心理健康

(一)什么是心理健康

1. 心理健康概述

健康:"健康不仅是没有疾病,而且是一种个体在躯体上、精神上、社会上的安宁状态。"(世界卫生组织,1948);"一个人只有在身体健康、心理健康、社会适应良好和道德健康四个方面都健全,才算是完全健康的人。"(世界卫生组织,1989)健康不仅包括强健的体魄,还应包括健康的心理。

心理健康:"在身体、智能以及情感上与他人的心理健康不相矛盾的范围内,将个人心境发展成最佳的状态。"(国际心理卫生大会);"人们在学习、生活和工作中的一种安宁平静的稳定状态。"(世界卫生组织);"个体心理在本身及环境条件许可范围内所能达到的最佳功能状态,但不是指十全十美的绝对状态。"(《简明不列颠百科全书》)

健康新理念:

(1)心理健康是一种相对的状态,而不是指"十全十美";

(2)心理健康是指较长一段时间内的持续的心理状态,异常心理或行为的偶尔出现以及轻微情绪失调,如能恢复正常,则不能认为是一个人心理不健康;

(3)心理健康可以用一系列具体标准来描述,但这种描述通常是一种全面的理想要求,不一定能全部做到;

(4)对心理健康的理解渐趋于多元模式,造成心理不健康的因素并不是单一的,而是生物、心理和社会共同作用的结果。

2. 心理健康的标准

(1)天人合一:人与自然的和谐,以及人内在生命的和谐。

(2)马斯洛10条标准:是否有充分的安全感;是否对自己有较充分的了解,并能恰当地评价自己的行为;自己的生活理想和目标能否切合实际;能否与周围环境事物保持良好的接触;能否保持自我人格的完整与和谐;能否具备从经验中学习的能力;能否保持适当和良好的人际关系;能否适度地表达和控制自己的情绪;能否在集体允许的前提下,有限地发挥自己的个性;能否在社会规范的范围内,适当地满足个人的基本要求。

(3)《简明不列颠百科全书》中心理健康的标准:认知过程正常、智力正常;情绪稳定乐观,心情舒畅;意志坚强,做事有目的性;人格健全,性格、能力、价值观等均正常;养成健康习惯,无不良行为;精力充沛地适应社会,人际关系良好。

(4)心理健康专业人士判断要素:个人痛苦水平;失功能行为的领域和影响大小;对自身的伤害性,是否使痛苦或死亡的风险增加;个人行为的社会可接受性,即是否违反社会规范。

结合国内外专家的观点,大学生心理健康的基本标准如下:

(1)智力正常且充分发挥。

智力是指人认识问题、解决问题的能力,包括人的观察力、注意力、记忆力、想象力、创造力、思维能力和实践活动能力等的综合,是人在经验中学习或理解的能力、获得和保持知识的能力、迅速而又成功地对新情景做出反应的能力、运用推理有效地解决问题的能力等。智力正常是大学生学习、生活、工作的最基本的心理条件,是大学生胜任学习任务、适应周围环境变化需要的心理保证,因此,也是衡量大学生心理健康的首要标准。衡量大学生的智力,关键在于看大学生的智力是否正常、充分地发挥了效能。

大学生智力正常且充分发挥的标准是:有强烈的求知欲和浓厚的探索兴趣;智力结构中各要素在其认识活动和实践活动中都能积极协调地参与并能正常地发挥作用;乐于学习。

此外,一些非智力因素包括理想、兴趣、爱好等也是构成心理健康的重要标准。

(2)社会适应正常。

较强的适应能力是心理健康的重要特征,不能有效处理与周围现实环境的关系是导致心理障碍的重要原因。心理健康的大学生,应能和社会保持良好的接触,对社会现状有较清晰正确的认识,思想和行动都能跟得上时代的发展步伐,与社会的要求相符合。当发现自己的需要愿望与社会需要发生矛盾时,能迅速进行自我调节,以求和社会的需要协调一致,而不是逃避现实,更不是妄自尊大,一意孤行,与社会需要背道而驰。

(3)认识自我,悦纳自我。

正确的自我评价乃是大学生心理健康的重要条件。大学生是在与现实环境、与他人的相互关系中,在自己的实践活动中,认识自己的。一个心理健康的大学生对自己的认识应比较接近现实,有"自知之明"。对自己的优点感到欣慰,但又不至于狂妄自大;对自己的弱点既不回避,也不自暴自弃,而是善于正确地"自我接受"。

(4)健全的人格。

人格在心理学上指个体比较稳定的心理特征的总和。健全的人格,即个人的所想、所说、所做协调一致。大学生人格完整的主要标志是:人格结构的各要素完整统一;具有正确的自我意识,不产生自我同一性混乱;以积极进取的人生观作为人格的核心,并以此为中心把自己的需要、愿望、目标和行为统一起来。

(5)心理行为符合大学生的年龄特征。

在人的生命发展的不同年龄阶段,都有相对应的不同的心理行为表现,从而形成不同年龄阶段的心理行为模式。大学生应具有与年龄和角色相应的心理行为特征。心理健康的大学生精力充沛、思维敏捷、情感活跃,与之相适应,行为上应该表现为朝气蓬勃、热情洋溢、生龙活虎、反应敏捷、勇于探索、勤学好问。如果出现那种所谓的"少年老成"、萎靡不振、喜怒无常,或过于幼稚、过于依赖等现象,都是心理不健康的表现。总之,若经常严重地偏离这些心理行为特征,则有可能是心理异常的表现。

(6)人际关系和谐。

社会中的人总是处在一定的社会关系中,大学生也同样离不开与人打交道。和谐的人际关系既是大学生心理健康不可缺少的条件,也是大学生获得心理健康的重要途径。大学生人际关系的和谐表现为:

①乐于与人交往,既有稳定而广泛的人际关系,又有知心朋友;

②在交往中保持独立而完整的人格,有自知之明,不卑不亢;

③能客观评价别人和自己,善于取人之长补己之短;

④宽以待人,乐于助人;

⑤积极的交往态度多于消极态度;

⑥交往动机端正。表现为:乐于与人交往,能用尊重、信任、友爱、宽容、理解的态度与人相处,能分享、接受和给予爱和友谊,与集体保持协调一致的关系。

(7)行为和社会角色相一致。

社会角色是指与人们的某种社会地位、身份相一致的一整套权利、义务的规范与行为模式。

(8)情绪健康。

情绪健康的主要标志是情绪稳定和心理愉快。这是大学生心理健康的一个重要指标。因为情绪在心理状态中起着核心的作用,情绪异常往往是心理疾病的先兆。

大学生的情绪健康应包括以下内容:

①愉快情绪多于不愉快情绪,一般表现为:乐观开朗,充满热情,富有朝气,满怀信心,善于自得其乐,对生活充满希望;

②情绪稳定性好,善于控制和调节自己的情绪,既能克制约束,又能适度宣泄,不过分压抑,使情绪的表达既符合社会的需求,也符合自身的需要,在不同的时间和场合有恰如其分的情绪表达;

③情绪反应是由适当的原因引起的,反应的强度和引起这种情绪的情境相符合。

3. 四点提醒

(1)一个人是否心理健康与一个人是否有不健康的心理和行为并非完全是一回事。判断一个人的心理健康状况,不能简单地根据一时一事下结论。心理健康是较长一段时间内持续的心理状态,一个人偶尔出现一些不健康的心理和行为,并非意味着这个人就是心理不健康(或心理变态),只能视具体情况而定。

(2)人的心理健康水平可以分为不同的等级,是一个从健康到不健康的连续状态,从健康状态到不健康的状态之间有一个较长的过渡阶段。一般来说,心理正常与异常并无确定的界线,只是程度的差异而已。

(3)心理健康状态不是固定不变的,而是一个动态的变化过程。既可能从不健康转变到健康,也可能从健康转变为不健康。随着人的成长,经验的积累,环境的改变,心理健康状况也会有所变化。因此,心理健康与否只能反映一个人某一段时间内的固定状态,并不是他一生的状态。

(4)心理健康的标准无论是哪种表述,都是一种理想的尺度。它不仅为我们提供了衡量是否健康的标准,而且为我们指明了提高心理健康水平的努力方向。

个体心理健康的基本标准是能够有效地进行工作、学习和生活。如果正常的工作、学习和生活难以维持和保证,就应该引起注意,及时调整自己。

(二)常见心理疾病

大学生正处在青年期,是人的一生中心理变化最激烈的时期。当今时代,社会生活节奏明显加快,社会竞争日趋激烈,大学生面临的生活、学习、情感和就业压力明显增大。社会变革给大学生带来的心理冲击比以往任何一个时代都更为强烈、更为复杂。大学生由于自身心理发展尚不成熟,情绪不够稳定,在面临理想与现实的冲突、理智与情感的冲突、独立和依赖的冲突等矛盾中,如果得不到有效的疏导,合理的解决,各种生理因素、心理因素和社会因素交织在一起,极易造成大学生心理发展中的失衡状态。各种心理问题已成为影响大学生健康成长不可忽视的问题,阻碍大学生健康成长的常见心理疾病主要有焦虑症和抑郁症等。

1. 焦虑症

焦虑症是一种常见的神经症,容易在经历长期的应激事件后发生。大学生进入新的学习和生活环境,各方面都要重新开始适应和调整。如果对自己的期望与现实不符,长期面临巨大的压力,凡事患得患失,就会产生持续性的焦虑、不安、担心和恐慌,并且会伴有运动性不安以及各种躯体上的不适感。患有广泛性焦虑症的人往往感到无明显原因、无明确对象、游移不定、范围广泛的紧张不安。患有恐惧性焦虑的人往往不敢见人,惧怕参加集体活动,有的患者还会产生心痛、呼吸困难的症状。焦虑症患者往往过分关心周围的事物,注意力难以集中到面前的工作上来,从而使工作和学习效率明显下降。

2. 抑郁症

抑郁症是大学生中常见的一种心理障碍。抑郁症患者把外界的一切都看成是"灰暗色的",主要的表现为情绪低落、思维迟缓和运动抑制等,即所谓的"三低"现象。

情绪低落就是高兴不起来,总是忧愁伤感,甚至悲观绝望。《红楼梦》中整天皱眉叹气、动不动就流眼泪的林黛玉就是典型的例子。思维迟缓就是自己感觉脑子不好使,记不住事,思考问题困难。运动抑制就是不爱活动,浑身发懒,走路缓慢,言语较少等,严重的可能不吃不动,生活不能自理。

3. 强迫症

强迫症是以强迫观念和强迫动作为主要表现的一种神经症。以有意识的自我强迫与有意识的自我反强迫同时存在为特征,患者明知强迫症症状的持续存在毫无意义又不合理,却不能克制地反复出现,越是企图努力抵制,反而越感到紧张和痛苦。

案例4-5

张某,女,21岁,大学三年级学生,在校时,她睡上铺。一次,一位女生从另一个床上跳到她的床上。张某知道后,立即将床单和被罩洗掉。后来,只要别人碰了她的用品,她都要小心清洗。和她接触的人都觉得她很怪,不是对她抵触就是敬而远之。她自己形单影只,非常苦恼。即将考试时她根本无法静心看书,反复擦洗的行为进一步加重,大家提出"决不跟她再住在一起"。她自己非常痛苦,曾找到辅导员寻求帮助,老师建议她回家休养一段时间。回家后,父母发现她每天都会洗衣服洗床单,特别是洗手,只要碰了东西就要洗手,并且洗很长时间。张某自称,讨厌家庭、讨厌同学,也厌恶了学习,更不想和别人接触。自己总是担心有不干净的东西侵入身体,明知道不需要洗很多遍,也知道大家讨厌这种行为,可就是控制不住。

案例点评

案例中小张在主观上感觉到有一种不能克制的观念存在,而且也意识到这种观念是不合情理的,但不能控制自己,这在心理学上被称为强迫倾向。判断是不是强迫症,需要结合症状出现的频率、强度和持续时间及由此引起的心理冲突程度来判断。强迫症是大学生所患心理疾病中痛苦程度较高的顽症,且呈现出逐渐升高的趋势,严重影响了大学生的学习和生活。

4. 人格障碍

人格障碍是指明显偏离正常且根深蒂固的行为方式,具有适应不良的性质,其人格在内容上、性质上或整个人格方面异常。由于这个原因,病人遭受痛苦或使他人遭受痛苦,或给个人或社会带来不良影响。

(三) 融入大学生活,增强心理素质

大学是走向社会的桥梁,大学本身也是个小社会。大学生要在大学这个小社会里锻炼出走向社会的能力和素质。大学时光是短暂而宝贵的,大学生应该好好珍惜大学这个平台,抓住大学里可能锻炼自己的每一次机会,主动融入大学生活,积极增强自身素质。

首先，尽快确立自己的奋斗目标。目标是激发人的主动性，产生自觉行为的动力。很多学生把考上大学作为中学学习的目标，却对大学生活缺乏长远的打算，从而使大学生活变得空虚、乏味。殊不知现在的就业压力非常大，只有在大学期间好好规划，培养出强大的能力，将来才能在社会上立足。

其次，把握好大学的学业。学业是大学生立身之本，是大学生应当集中精力努力掌握的知识、能力、素质体系。大学这几年是可以让人充分自由学习的时期，绝不能认为学的东西暂时没有发挥作用，或者自己不喜欢这个专业而不去学习。大学生的天职是学习，大学是学习的天堂，在大学里多学习专业知识和技能、多锻炼个人能力，走上社会就能多一分踏实和从容。

最后，主动积极地面对大学丰富多彩的课余生活。除了日常的学习外还有各种各样的讲座、社团活动、学术报告、社会实践、娱乐活动等课余生活在当代大学生的精神生活中占据着非常重要的地位，对世界观、人生观、价值观的形成及成长成才具有举足轻重的作用。一方面能缓解学业带来的压力；另一方面可以培养兴趣、促进交往、锻炼综合素质，在活动中获得充实感和自我满足感。

(四)学校心理咨询服务

学校作为培养高素质人才的基地，学生的心理健康状况对学生学习能力、思想政治素质的提高以及人生价值的实现等有着至关重要的作用。心理健康教育工作是学生工作的基础和重点，能够为营造平安和谐、温暖有爱的校园环境助力，对学生健康成长、阳光学习的过程有着十分重要的意义。

我校高度重视学生心理健康教育工作，每年学校都会将心理教育工作内容纳入党政工作要点，每月的学生工作例会和月考核都会对心理健康教育这一项进行讲解和考核。近年来，在学校领导和有关部门的指导和支持下，我校心理健康教育中心不断增加资金投入，健全制度体系，加强队伍建设，积极探索"以预防为主"的心理健康教育工作机制。

1. 完善工作机制

学校心理健康教育中心的前身为心理咨询室，于2009年9月成立，主要负责学生心理咨询服务工作。2016年，学校将"大学生心理健康教育"课程作为必修课纳入专业人才培养方案，并在2017级学生中开始授课。2017年10月，学校成立心理健康教育中心，负责全校师生的心理咨询、心理测评、开展学生心理健康状况普查、建立大学生心理健康档案。2018年12月，为加强对我校大学生心理健康教育中心工作的领导，进一步促进我校大学生心理健康教育活动的开展，经学校研究，决定成立湖北生态工程职业技术学院心理健康教育工作领导小组，将各项工作标准化、规范化。

2. 加强制度建设，工作规范有序开展

学校高度重视心理健康教育工作的制度建设，先后印发了《关于成立林业与生态文明研究所和心理健康教育中心的通知》《湖北生态工程职业技术学院心理健康教育工作方案》《关于实行学生心理健康状况月报制度的通知》《加强特殊群体学生管理的通知》《学生心理危机定期排查制度》等多项制度，基本构建了科学规范的体系，确保各项工作规范有序，为我校心理健康教育工作提供了有力的保障。

3. 加大经费投入，中心建设全面升级

2019年学校投入专项经费25万元对心理健康教育中心进行全面改造升级，咨询环境、布

局、设施设备满足专业需要,促进中心建设标准化,保障心理教育活动顺利开展。

目前,心理健康教育中心已有场地392平方米,包括团体辅导室、团体活动室、预约接待室、沙盘游戏室、情绪宣泄室、音乐放松室、读书角一处,个体咨询室两间,所有设备到位,空间布局合理,功能完备,能满足学生日常咨询和团体辅导活动的需要,为学生提供细致周到的咨询教育服务,成为学生的心理港湾。同时,为体现学院特色,结合专业特点设立有"一院一品"园艺疗法基地、"一院一品"茶疗法基地。

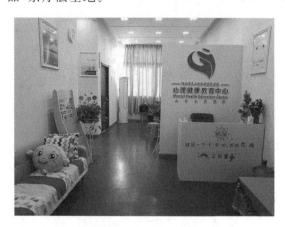

图 4.9 心理健康教育中心

图 4.10 心理健康教育中心咨询室

图 4.11 心理健康教育中心宣泄室、音乐放松室

学校鼓励创新,开展内容丰富、形式多样的特色心理健康教育活动。一是举办两次大型活动,我校心理健康教育中心每年上学期开展"生态心理游园会"、开展"5.25心理健康教育节"

系列活动。二是每月举办一次主题活动,每月定期组织学生开展心理健康教育活动,在创新主题和形式方面多种多样,如:旅游管理学院"以茶会友"、艺术设计学院"画出一片晴空,打开心灵枷锁"、生态环境学院"减压生态茶缸制作"等,建立以专业群为品牌特色的心理活动来推广心理健康教育。三是加强心理健康宣传教育,坚持以预防为主。在重大节假日期间,考试、毕业等阶段进行相关主题的宣传,加强对重点学生的排查和关注,完善心理危机预警与援助体系。积极探索多元途径,丰富心理健康教育形式。

图 4.12　心理健康教育中心沙盘游戏室

图 4.13　心理健康教育中心团体辅导室、文化墙

(五)大学生对心理咨询的误解

有的人觉得心理咨询很神奇,好像什么问题都可以解决;有的人却觉得心理咨询根本没用,纯属骗人。这些看法,都是源自对心理咨询的误解。

误解 1

心理咨询是针对有"严重"问题的人。

真相 有些人认为,必须被诊断出患有心理疾病,或者为了寻求治疗而苦苦挣扎的人才需要心理咨询。而事实上,根据研究表明,大多数人往往等待多年后才去寻求帮助。然而,等待只会加剧问题,使这些问题更难被理清和解决。其实,人们接受心理咨询有很多原因。根据2004年的哈里斯民意调查,其中27%的成年人接受了两年内的心理咨询;同时,有3000万人在寻求心理咨询。豪斯曾讲:"人们接受心理咨询是为了应对疾病、人际关系、压力和悲伤,想要弄清自己是谁,希望学会怎样充分地享受生活。"

误解2

心理咨询师都是新时代的,有着失真的热情,只会说"您足够好,足够聪明……"他们是啦啦队长类型的人。

真相 根据豪斯的说法:"大多数咨询师都是鼓励的,且有同理心,而某一些心理咨询模型会比其他模型更强调这种温暖的支持,但肯定不是所有的咨询师都是这样工作的。"咨询师也会面质来访者,以及给来访者做一些心理教育。"啦啦队式的心理咨询会让电视节目变得好看,但并不总是好的心理咨询。"

误解3

心理咨询师都是为了钱工作。

真相 如果咨询师真的只是为了钱而工作,他们应该会选择其他职业。正如豪斯所说,"如果咨询师想要钱,他们会选择去商学院或法学院,而不是心理咨询学院。"他补充说:"在这项工作中茁壮成长的咨询师对人性有着很深的尊重,不会被万能的金钱驱使。"

误解4

心理咨询是常识。

真相 你经常听说心理咨询是毫无意义的,因为咨询师所做的一切只是重提常识而已。但是,按照豪斯的说法:"常识是适用于每个人的智慧,但心理咨询能让人洞察,这是你独有的智慧。"他将心理咨询描述为一门大学课程,在这门课上,你是唯一的学习对象。"心理咨询会提供一个空间让你聚焦于自己,在一个训练有素的专家的支持下,获得理解和指导,帮助你实现目标。"

误解5

当你有好朋友可以倾诉时,心理咨询是多余的。

真相 在我们的文化中有一种普遍的信念,那就是只要有一个好朋友的支持就可以代替心理咨询。当然了,社交支持对每个人都很重要,尤其是当你压力过大的时候。豪斯说道:"朋友给予的爱、支持和智慧是无价的。"但是咨询关系与朋友和家人的关系是非常不同的,豪斯给出了几个重要的原因。首先,咨询师是训练有素的专业人士,他们多年来一直在学习和实践"如何诊断和处理认知、情感、行为和关系问题";其次,"关系是互惠的"。通常朋友们会有来有往地讨论彼此的问题。然而,当你在接受心理咨询时,每个会谈都只是为你而设置的。

此外,在咨询过程中,你可以把所有的事情都说出来,但是和朋友在一起,你有可能压抑自己,要么是因为你不想伤害他们的感情,要么是因为你不想把自己或他人塑造成不好的形象。豪斯说:"与朋友交谈有时需要做很多思想筛选。"换句话说,"你可能会避免或回避或粉饰一些话题,因为你非常了解你的朋友,可以预计到你的评论可能会对他产生怎样的影响。"

最后,心理咨询是保密的,咨询师是法定的守秘人(特定情形除外)。对一些人来说,这本身就使心理咨询变得有价值。

误解 6

咨询师只有经历过同样的事情才能帮助到你。

真相 人们常有一个共同的看法,尤其是在戒酒互助会的圈子里。为了真正帮助别人,你必须经历和克服同样的困难。如果你没有经历过,那你将无法理解他人或提供一个成功的解决方案。根据豪斯的说法,希望你的咨询师曾经历过同样的问题"是希望获得被理解,而不是真的要求咨询师罹患过同样的困境。处于痛苦中的人,不管他们的具体问题是什么,他们只想知道有人理解他们的经历和感受","受训、临床经验,以及我们在不同情境下的相同情绪或冲突的个人经验,都能帮助我们去理解。"大多数咨询师都接受过这种训练,接受过的培训和有过的经验,能够去理解和处理来访者带来的问题,如果他们做不到,他们也会将来访者转介到其他更合适的地方去。

误解 7

接受心理咨询的人是软弱的。

真相 当然不是。为了解决自己的问题去寻求帮助意味着你正在采取行动。豪斯强调说:"寻求帮助往往比被动地停滞不前需要更多的力量。"此外,想想看其他获得过教练、导师和心理咨询师帮助的成功人士,包括顶尖运动员、高管和诺贝尔奖得主。

误解 8

咨询师选择这个行业是为了解决他们自己的问题。

> **真相** 大多数咨询师选择这一职业都有自己的原因,但不管最初的原因是什么,最终的目标都是为了帮助来访者。如果咨询师不能把来访者的福祉放在首位,他们可能无法喜欢这个工作或成为一名胜任的咨询师。

▪ 导　读 ▪

安全重于泰山

　　大学生活对于每一位学子来说都是一段美好又难忘的时光。而这一切开始的时候，不易被同学们重视的往往是安全问题。

　　安全是什么？

　　安全是一个大学生完成学业的重要保证，是每一位大学生健康成长的基本条件。

　　针对当前普遍存在的大学生财产安全意识薄弱、轻信他人、财物保护观念差的现象，更要加强大学生安全意识教育，提高大学生自我防范意识和能力。安全涉及每个人的学习及日常生活。学生应该先学会做人，再学会做学问；先学会保护自己，才能够保护他人；先学会保全自己，才能够贡献社会。

　　安全教育是一个永恒的话题。青少年学生的生命安全和健康成长，直接涉及正常教育教学活动的开展与实施，攸关亿万家庭的和谐与幸福。确保学生生命安全是维护人民群众根本利益的重大责任，是办好让人民群众满意的教育的基础和前提，也是全社会的共同责任，是构建社会主义和谐社会的重要保障。

第五章 安全教育

第一节 常见的安全问题

一、消防安全

火灾是威胁人类安全的重要灾害。大学校园里,火灾也是威胁广大师生生命财产安全的重要因素;校园火灾的发生,不仅给许多家庭带来不幸,使大量的社会财富化为灰烬,而且还会严重影响学校教学、科研工作的正常进行。

因此,做好校园消防工作,保护国有财产和广大师生的生命财产安全,预防和减少火灾事故,特别是遏制恶性火灾事故的发生,具有十分重要的意义。

图 5.1　消防小卫士

上海某学院火灾

事情经过:2008 年 11 月 14 日早晨 6 时 10 分左右,上海某学院的女生宿舍楼 602 室冒出浓烟,屋内学生被惊醒,其中 2 名女生拿起脸盆冲出门外到公共水房取水,另外 4 名女生则留在房中灭火。然而,当取水的女生回来后,却发现寝室门打不开了。因为火场温度高,已烧变形的木门被气流牢牢吸住了。不一会儿,大火越烧越旺,4 名穿着睡衣的女生被浓烟逼到阳台上。火苗不断扑来,吓得她们惊叫。隔壁宿舍女生见状,忙将浸过水的毛巾从阳台上扔过去,想让被困者蒙住口鼻,争取营救时间。宿舍楼下,大批被紧急疏散的学生纷纷往楼上喊话,鼓励4名女生不要慌张,等待消防队员前来救援。

可是,在凶猛的火魔面前,4名女生逐渐失去了信心。一名女生的睡衣被烧着了,惊慌失措的她大叫了一声,从阳台跳下,摔在水泥地上。看到同学跳楼求生,另两名女生也顾不得楼下的喊声,纵身一跳,消失在众人的视野中。3名同伴先后跳楼,让最后一名女生没了主意,她在阳台上来回转了几圈后,决定翻出阳台外栏杆,但她还没找准跳下的位置,双臂已经支撑不住,一头掉了下去。此时,滚滚浓烟灌进了隔壁的601室,将室内3名女生困在阳台上。所幸消防队员即时赶到,强行踹开宿舍门,将学生救了出去。此时,距离4名女生跳楼不过几分钟时间。

火灾发生初步的诊断原因为寝室里使用"热得快"引发电器故障,并将周围可燃物引燃所致。此事件对高校寝室消防安全敲响了警钟,寝室火灾都是由个别学生使用违规大功率电器而引发,给其他住宿学生造成了重大影响。

学生宿舍是一个集体场所,是一个人口密度很大的聚集场所,任何一场火灾都会造成重大后果,带来不可挽回的财产损失和人身伤害。为了所有宿舍同学的人身财产安全,宿舍内严禁使用违章电器、劣质电器、非安全电器器具。

图 5.2　火灾现场

二、防盗安全

随着经济的不断发展,当代大学生手中的零用钱越来越多,手机、数码相机、MP3等一应俱全。这就使社会上不法分子把目光盯住高校,有的抢劫、盗窃团伙专"吃"高校。一些师生又不按规定保管公、私财物,使犯罪分子作案易于得手。预防和打击校园盗窃是每个在校学生应尽的责任和义务。增强防盗意识,了解校园内盗窃犯罪的基本情况、规律和特点,掌握防盗的基本常识,是做好防盗、保证安全的基础。

大学校园中常见的盗窃情景如下:

(1)刚入学,宿舍较乱,容易发生盗窃;

(2)假期,学生离校后,容易发生盗窃;

(3)同学们都去上课时最容易发生盗窃,尤其是上午一、二节课时;

(4)学生上晚自习,相邻的几个寝室都走空,容易发生盗窃;
(5)夏季宿舍开门多,容易被作案分子"趁虚而入";
(6)学校举办大型活动,外来人员增加,盗窃的可能性也加大;
(7)学生临时出门,去隔壁宿舍串门,寝室空虚无人,容易被作案分子顺手牵羊;
(8)作案分子趁无人或同学不备将放在桌上、床上等处的钱物拿走占为己有;
(9)窗外钓鱼:作案分子用竹竿等工具在窗外将室内他人的物品勾走;
(10)翻窗入室:作案分子翻越没有牢固防范设施的窗户、气窗等入室行窃;
(11)作案分子以推销物品的形式踩点,然后进行偷窃;
(12)作案分子以认老乡的形式或以困难求助为名窃取银行卡或饭卡密码,取走银行的存款或饭卡里的钱。

图 5.3 盗窃现场

三、校园诈骗

一些大学生虽然文化水平较高,但因踏入社会较晚,社会经验不足,缺乏安全防范意识,法制观念淡薄,从而导致一些案件的发生。统计表明:发生在大学生中上当受骗案件占学生中发生治安案件的 75% 以上。而这些案件绝大多数是由于大学生自身安全防范意识淡薄、思想麻痹、财物保管不当、轻信他人、交友不慎等发生的案件,有些造成学生的财产损失,有些甚至危及学生的生命安全。

针对大学生的常见骗术如下。

(一)校园内诈骗分子惯用的一些手段

(1)伪装身份,直接骗钱。假借招工报名或举办活动为由,收缴报名费后携款逃之夭夭。

(2)投其所好,引诱上当。以帮助办理出国手续、介绍工作、推荐考研及购买优惠物品等为诱饵,收取介绍费、手续费、好处费等,达到行骗的目的。

(3)假借推销商品,以假钞骗真钞,或以次充好骗取钱财。

(4)骗取信任,掩盖作案真相。有的诈骗分子利用大学生阅历浅、经验少的弱点,假借朋友之托、同学同乡之情,寻机进入学生宿舍,趁机盗窃贵重钱物,一旦得手,迅速逃之夭夭。

(5)假借销货,趁机敲诈。大学生逛夜市、在马路两旁的摊点买东西,一定要加强提防。

(6)故意制造事端,勒索钱物。在商场内、大街上有意制造碰撞事端,借机勒索钱物,一旦发生,要及时报案,由公安部门解决。

(7)利用关系,寻机下手。在乘车、乘船旅途中,不要轻易信任陌生人,攀谈中要注意保密,以防无意中给犯罪分子提供信息,让犯罪分子有机可乘。

(8)利用学生的善良、同情,以寻求帮助为名,达到诈骗的目的。

(9)通过借用银行卡让家人寄款为名,骗取卡号与密码,提取卡内现金。

(10)事先摸准学生及家庭有关情况,以学生在校发生事故、生病住院等为由,骗取学生家长信任,让学生家长往指定的账号存入现金,达到骗钱目的。

(11)冒充学校老师或工作人员,以收取体检费、书费等为名实施诈骗。

(二)典型诈骗方式

1. 刷单式诈骗

镜头一:2016年3月19日,某高校学生吴某某报警称:昨天(18日)下午3时许在宿舍用手机上网,看到一条兼职刷单的广告,与对方QQ联系,对方称每单返8%的佣金,就打开对方发来的网址,在这个网址用支付宝刷了320单,共刷了15000元,对方没有返回本金和佣金,发现被骗。

镜头二:2016年4月10日,某高校学生梁某某报警称:其当天下午3时从网上找了一个刷单兼职工作,前后共3次向深圳市某教育有限公司通过支付宝汇款2万余元。

镜头三:2016年1月12日,某高校学生胡某某报警称:10日晚上在学校用手机上网,一个QQ号联系到胡某某称有一个网络刷单的工作(充值手机卡),胡某某用支付宝刷了9次,收款地址为某电子商务有限公司上海分公司,共被骗13500元。

2. 网上购物诈骗

镜头一:2016年3月9日,某高校学生房某某报警称:当天18时30分在网上购买一个手机解锁软件,按照对方的要求打过去2680元后,对方并没有发解锁软件,发现被骗。

图 5.4　反诈骗漫画

镜头二:2016年3月28日,某高校学生申某某报警称:当天下午4时30分,申某某在网站上购物,与对方商量好价格后,对方就给申某某发了一个链接让其在此链接内付款,付款后发现与其平常付款方式不同,被骗4900元。

镜头三:2016年3月9日,某高校学生蒋某某报警称:前几天上网与一个微博名"X在线票务"联系,购买演唱会门票,按照对方购票要求以微信转账的方式汇款4910元,后对方一直联系不上,发现被骗。

镜头四:2016年3月24日,某高校学生刘某某报警称:昨天下午5时许在宿舍上网玩游戏,通过QQ网聊群买游戏装备,与对方讲好价格,用QQ红包和支付宝向对方支付宝汇款4511元后,对方将其拉黑,发现被骗。

图 5.5　网络诈骗漫画

镜头五:2016 年 5 月 12 日,某高校学生陈某某报警称:当天晚上 9 时 30 分,其接到一电话,对方自称是××知名商城的客服,有一笔钱要退款,让报警人按照要求操作后对方又给报警人发了一条短信,其内有一个网址,后报警人按照对方的要求在网址上输入了个人银行账号信息,后又输入了对方发来的验证码,发现卡内的 1000 元被转走。

镜头六:2016 年 6 月 22 日,某高校学生王某某报警称:前几天收到一个自称是微商店主的信息,称有一批手机和照相机要优惠转卖,王某某相信后就给对方汇了 4248 元,后对方将其删除好友,发现被骗。

镜头七:2016 年 5 月 2 日,某高校陈某某报警称:当天下午 3 时,收到一条信息自称是某宝上的卖家,对方称其购买的东西系统出错需要退款给陈某某,该生相信后按照对方的口述在自动取款机上操作,发现卡内的 4799 元现金不见了。

镜头八:2016 年 3 月 15 日,某高校学生杨某某报警称:前天在某宝上购物,第二天接到一个电话,对方自称某宝上的网店卖家,称杨某某购买的商品无法发货,需要退款,于是杨某某按照对方要求,加了对方的 QQ 好友,并在对方 QQ 发来的链接中填入自己的银行卡号、身份证号、手机号、支付宝支付密码。后发现银行卡内 5200 元钱被转走。

图 5.6　网购退款式诈骗漫画

3. 盗取 QQ 号冒充熟人诈骗

镜头一:2016 年 1 月 6 日,某高校学生张某某报警称:其于当日 15 时在 QQ 上收到一个初中同学的消息,对方称自己银行卡遗失,想借报警人银行卡存放点钱,于是报警人按照对方要求,将自己银行卡号、取款密码、手机号,以及后续收到的手机验证码都告诉对方。当晚 22 时发现,自己支付宝上 2000 元余额被转入自己的银行卡后,被他人取出。

镜头二:2016 年 3 月 1 日,某高校邹某某报警称:当天中午 12 时许收到一个冒充其同事何某某的QQ给她发的信息,说需要6500元买返程机票,邹某某打钱后得知该QQ号不是其同事的QQ,发现被骗报警。

镜头三:2016年3月8日,某高校学生张某某报警称:当天下午2时30分,张某某收到一个自称是其同学的QQ信息,对方称其出海,业务额度满了让张某某帮其转钱,后张某某就用支付宝转了2000元,发现被骗报警。

镜头四:2016年6月13日,某高校学生王某某报警称:当天中午11时许在宿舍用手机上网,接到一个QQ号主动加其为好友,后报警人发现其头像、昵称和自己一个朋友一样,报警人以为是朋友就加了QQ,后对方称其在国外买飞机票需从国内转账买票,要向报警人借钱,后报警人先后两次向对方提供的账号通过支付宝汇款11700元,最后发现被骗。

4. 涉卡诈骗

镜头一:2016年3月25日,某高校学生潘某某报警称:当天下午3时52分接到一个电话,对方讲有人用其身份信息办理了一张社保卡,里面有3000多元,可能影响其信用,对方称可帮忙转接报案电话,骗取潘某某的信任。后潘某某来到学校对面银联ATM机前按对方指示操作,向对方提供的账号分两次汇款11338元,后发现被骗。

镜头二:2016年3月12日,某高校学生施某某报警称:前几天自己在宿舍用手机上网搜到一个办理信用卡的网址,与对方联系,输入了相关信息,对方以缴纳各种费用为由,骗取现金10300元。

四、校园网络安全问题

(一)不良网贷、校园贷危害严重

网上贷款分期消费门槛低,为大学生提供了一个超前消费、奢侈消费的平台,不少学生消费缺乏理性,造成自己负债累累。另外,不良网络借贷利息较高,套路复杂,学生很容易陷入其中,给家庭和个人带来严重影响。更甚者,部分催债公司存在涉黑嫌疑,极易对借贷人员形成人身威胁,严重影响学生身心健康。

不良网贷的危害主要表现在以下几点。

1. 影响学生的学业

大学生的经济来源于父母,大部分学生选择兼职,有的经常逃课,有的甚至迫于偿还压力选择直接不上课,造成考试不及格,严重影响学生的学业。网贷平台进入校园的途径目前难以杜绝,学生没有足够的分辨能力,一旦学生还不了贷款,贷款公司威逼还款的方法则是去学校闹事或打电话骚扰辅导员,导致心理承受能力差的学生选择逃避,甚至直接选择退学。

2. 易引发学生心理扭曲,甚至酿成悲剧

大学生们使用网贷大多是为了满足超前的奢侈消费观,主要用于购买高档手机、电脑等名牌电子产品,同时,大学生极易产生攀比消费心理、追风消费心理和炫耀消费心理,网贷消费平台正是看中大学生们的这些消费观念,纷纷鼓动大学生"花明天的钱,圆今天的梦",为大学生超前的奢侈消费大开方便之门,一再降低贷款要求来满足大学生的需求。从而使大学生不断滋长了把消费当成了快乐,膨胀了自己的虚荣心,放纵了自己攀比追风的消费心理,而忽略了自己实际的还贷能力,在无力偿还时,就要面临贷款平台的电话恐吓、短信骚扰等暴力催收手段,导致许多大学生容易产生心理扭曲,有的选择铤而走险,采取诈骗同学或偷盗的办法来获取部分偿还资金,给大学生造成巨大的心理负担,甚至酿成悲剧。

图 5.7　网络贷款诈骗漫画

3. 增加学生及家庭的经济负担

大学生网贷普遍现象是放贷门槛低、手续简单,但贷款利率高。虽然许多平台在宣传中打出月利率降至 0.99%,甚至 0 首付、免利息等旗号,但实际加上高额的手续费以及在还款方式上搞障眼法,最终年利率高达 20% 左右。还贷极为困难,给学生带来极大的负担。当大学生无力还贷时,学生成了网贷的直接买单者,增加了家庭的经济负担。

4. 导致征信不良

征信就是通过采集、整理并保存的个人信用信息记录。个人征信报告记录了用户过去的个人信用行为,这份报告可以影响用户未来的经济活动,无论是办理贷款还是申请信用卡,银行或金融公司都会以用户的征信情况为依据。征信如果有问题,对将来的生活也是有影响的,买房贷款、买车贷款、落户、坐飞机坐高铁出行、申请信用卡、注册公司、孩子教育、出国等都会受影响。征信一旦有问题,真的是寸步难行。

5. 乱申请,很容易被忽悠

网贷也分正规和不正规的,正规的类似网商银行,利息相对合理。不正规的就很多了,相对而言利息也很高,再加上平台服务费,就等于是高利贷了。

6. 个人信息泄露

不良网贷中个人信息泄露的隐患很大,容易催生诸如电话诈骗之类的各种骗术。而且,出于利益的驱使,很多平台会出售客户信息资源,从中谋利。

(二)大学生网络失德问题

由于网络的匿名性、便利性及逃避性特点,网络虚拟环境中交流的匿名性为大学生控制言语表达内容、口吻提供了方便。便利性使得大学生可以随时参与一些社交论坛的互动,而逃避性体现在一些大学生在现实生活中不敢表达的内容,在网络虚拟社会中可以尽情发泄。由于网络具有这三个特点,这就为大学生在网络中使用污秽用语、考试利用网络进行作弊以及任意抄袭他人学术成果等网络失德问题带来便利与纵容。

(三)大学生网络犯罪问题

当前,互联网金融、各类社交网络已经深入到大学生的日常学习生活中,校园中随处可见大学生网络购物、网络直播、网络兼职、网络交友、刷微博、刷微信朋友圈等现象。互联网金融与网络社交工具在为大学生提供便利的同时,也成为一些大学生违法犯罪的工具。网络犯罪对大学生的人生观、价值观、心理健康及道德意识易造成不良影响,互联网里面的暴力、色情、拜金以及犯罪等不良信息更是会弱化大学生的道德意识,造成大学生人格弱化以及责任感缺失,走上犯罪的道路。大学生网络犯罪问题体现在大学生网络涉黄、网络涉毒、网络涉暴、网络诈骗以及网络制造传播谣言等几方面。

此外,在日常生活中还应该注意的安全问题有很多,如交通出行安全、防溺水安全、防极端天气安全、防踩踏安全、食品安全、用电安全等。安全无小事,抓好安全工作是维护学校正常秩序、提高教育质量的基础。

第二节　安全问题的预防与应对

一、防火与自救

在火灾发生的初期,最佳的逃生时期未能逃生,被迫选择跳窗,显示出学生缺乏消防安全知识,缺乏安全逃生技能,对学校进行的消防安全知识培训和实操演示,没有引起足够的重视。

(一)火灾预防

(1)不乱扔烟头。

(2)不在寝室抽烟,不躺在床上吸烟。

(3)不在蚊帐内点蜡烛看书,点蚊香应采取有效的防火措施。

(4)不焚烧杂物,严禁带火种上山。

(5)不存放易燃易爆物品。

(6)不使用电炉、电热毯、电暖气等电热设备。

(7)不擅自使用煤炉、煤油炉、液化器灶具、酒精炉等可能引发火灾的器具。

(8)人走记得关灯,嗅到有线缆被烧或过热发出的胶皮糊味,要及时断电并报告。

(9)充电中的电器不要放在枕头下和被褥中。

(二)自救

(1)如果火灾发生在身边,怎么办? 首先要保持镇静,火灾起初阶段都是很小的一个点,燃烧面积不大,产生的热量也不多。这个时候只要随手用沙土、干土、湿毛巾、棉被等去覆盖,就能使初期的火苗熄灭。

(2)如果火势猛烈,正在或可能蔓延,切勿试图扑救,应该立刻逃离火场,打119火警电话,迅速疏散逃生,不可蜂拥而出或贪恋财物,要当机立断,打湿身上的衣物或披上打湿的棉被,勇敢地冲出去。

(3)如遇身上着火,就地打滚,或用厚重衣物覆盖压灭火苗;如需在浓烟中逃生,要尽量放

图 5.8　消防救援漫画

低身体,并用湿毛巾捂住口鼻。

(4)如大火封门无路逃生,可用浸湿的棉被衣物堵塞门缝,泼水降温,呼喊救援。

(5)如受困等待救援时身处高楼,不可盲目跳楼,可用绳子或将床单撕成条状连起来,紧拴在门窗和重物上,顺势滑下。

(6)当被大火围困又没有其他办法自救时,可用手电筒、醒目物品不停发出信号呼救。

二、防盗注意事项

(1)贵重物品不用时最好锁在抽屉、柜子(箱子)里或寄存他处。

(2)最后离开宿舍的同学一定要锁门,不要怕麻烦,要养成随手关门、锁门的好习惯,切不可图方便而不锁门。

(3)不能随便留宿不知底细的人,年轻人喜欢交友是正常的,但不可违反学校的管理规定留宿不了解的人。

(4)最后离开宿舍的同学,要关好窗户锁好门,千万不能怕麻烦。

(5)对形迹可疑的陌生人要提高警惕,留心观察,必要时可打电话给校保卫科。

(6)晚上休息或假期不在宿舍时,一定要关好门窗,不将贵重物品放于靠窗前的桌上。

三、预防诈骗的措施

(1)当遇到陌生人向你借钱、借手机、推销物品,或者接到不明电话声称急用钱要汇款时,先听对方把话说完,问明情况,再做处置决定。

(2)遇事冷静分析,坚持不贪便宜,切记:天上不会掉馅饼。

(3)自己拿不准的事情或者不懂的事情,不要马上做出决定,做到三思而后行。

(4)如果遇到真正需要帮助的人,也要先将其领到学生处、保卫处等部门,大家共同解决问题,不要轻易将钱、物交给对方。

(5)一般不要将自己的身份情况、家庭情况透露给别人。

(6)牵扯到现金收缴等问题要询问辅导员老师的意见,确认情况属实再行缴纳。

(7)遇到可疑的情况要沉着冷静,及时想办法报告保卫部门处理。

(8)不要相信手机上发来的"中奖""点歌"短信,不要轻易在网络上留下自己的联系方式和其他个人信息,以防止被人窃取。

(9)拿不准的事请及时与辅导员联系,寻求辅导员的帮助。

四、网络与信息安全保护

(一)安全使用手机

(1)为手机设置访问密码是保护手机安全的第一道防线,以防智能手机丢失时,犯罪分子可能会获得通讯录、文件等重要信息并加以利用。

(2)不要轻易打开陌生人通过手机发送的链接和文件。

(3)为手机设置锁屏密码,并将手机随身携带。

(4)为手机安装安全防护软件,开启实时监控功能,并定期升级病毒库。

(二)防范QQ、微博等账号被盗

(1)账户和密码尽量不要相同,定期修改密码,增加密码的复杂度,不要直接用生日、电话号码、证件号码等有关个人信息的数字作为密码。

(2)密码尽量由大小写字母、数字和其他字符混合组成,适当增加密码的长度并经常更换。

(3)不同用途的网络应用,应该设置不同的用户名和密码。

(4)在网吧使用电脑要警惕输入账号密码时被人偷看。

(5)涉及网络交易时,要注意通过电话与交易对象本人确认。

(6)保管好身份证等个人信息,防范个人信息泄露。

(三)防范钓鱼网站

1. 查验"可信网站"

通过第三方网站身份诚信认证辨别网站的真实性。目前不少网站已在网站首页安装了第三方网站身份诚信认证——"可信网站",可帮助网民判断网站的真实性。

2. 核对网站域名

假冒网站一般和真实网站有细微区别,有疑问时要仔细辨别其不同之处,比如在域名方面,假冒网站通常将英文字母I替换为数字1,CCTV被换成CCYV或者CCTV-VIP这样的仿造域名。

3. 查询网站备案

通过ICP备案可以查询网站的基本情况、网站拥有者的情况。没有合法备案的非经营性网站或没有取得ICP许可证的经营性网站,根据网站性质,将被罚款,严重的将被关闭。

4. 比较网站内容

假冒网站上的字体样式不一致,并且模糊不清。假冒网站上没有链接,用户可点击栏目或图片中的各个链接看是否能打开。

(四)防范网络虚假、有害信息

(1)不造谣、不信谣、不传谣;及时举报疑似谣言信息。

(2)注意辨别信息的来源和可靠度,通过经第三方可信网站认证的网站获取信息。

(3)注意打着"发财致富"、"普及科学"、传授"新技术"等幌子的信息。

(五)注意网上购物安全

(1)核实网站资质及网站联系方式的真伪,尽量到知名、权威的网上商城购物。
(2)尽量通过网上第三方支付平台交易,切忌直接与卖家私下交易。
(3)在购物时要注意商家的信誉、评价和联系方式。
(4)在交易完成后要完整保存交易订单等信息。
(5)在填写支付信息时,一定要检查支付网站的真实性。
(6)注意保护个人隐私,直接使用个人的银行账号、密码和证件号码等敏感信息时要慎重。
(7)不要轻信网上低价推销广告,也不要随意点击未经核实的陌生链接。

(六)防范网络传销

(1)在遇到相关创业、投资项目时,要仔细研究其商业模式。无论打着什么样的旗号,如果其经营的项目并不创造任何财富,却许诺只要交钱入会、发展人员就能获取"回报",请提高警惕。
(2)克服贪欲,不要幻想"一夜暴富"。如果抱着侥幸心理参与其中,最终只会落得血本无归、倾家荡产,甚至走向犯罪的道路。

图5.9 虚假网站诈骗漫画

(七)受骗后该如何减少自身的损失

(1)及时致电发卡银行客服热线或直接向银行柜面报告欺诈交易,监控银行卡交易或冻结、止付银行卡账户;如被骗钱款后能准确记住诈骗的银行卡账号,可通过拨打银联中心客服电话的人工服务台,查清该诈骗账号的开户银行和开户地点(可精确至地市级)。
(2)对已发生损失或情况严重的,应及时向当地公安机关报案。
(3)配合公安机关及发卡银行做好调查、举证工作。

五、防溺水

(一)注意事项

(1)不在野外的陌生水域游泳。
(2)不在无安全保障措施的情况下游泳。
(3)不在不正规的经营性游泳场所游泳。
(4)游泳前做好热身运动,谨防游泳中肌肉痉挛。
(5)游泳中不做剧烈动作,防止诱发急性疾病或呛水。

(6)游泳时不做高空跳水等较为专业和危险的动作。

(二)溺水救援

(1)发现溺水者立即呼救。不会游泳或没有受过救援专业培训的人员谨慎入水救援,以防救援者溺水,可借助救生圈、长木杆等开展救援。

(2)溺水者救上岸以后,当出现严重的呼吸道阻塞时,及时清理口腔杂草、淤泥、呕吐物等,然后把溺水者以头低脚高的体位,让其把吸入的水倒(或挤压)出来,根据情况可采取心肺复苏等急救措施,并及时拨打120急救电话。

六、食品与卫生安全

(一)食品安全

(1)不在无证经营的街边摊贩处购买食品。

(2)不食用过期产品或"三无"产品。

(3)不与他人共用餐具,定期对个人餐具进行消毒。

(4)不食用未清洗的瓜果,不食用变质食品。

(5)不在卫生状况较差的环境下进餐。

(二)日常卫生安全

(1)饭前便后勤洗手。

(2)勤剪指甲,不喝生水,不共用餐具和洗漱用具。

(3)嘴里有伤口或长疮时,要避免聚餐,以免病毒从伤口直接进入血液。

(4)不随地吐痰、吐唾沫,不正对着别人打喷嚏。

(5)寝室常通风换气、勤晒被褥,注意寝室卫生。

(6)在流行病高发期,外出时要戴口罩。发现病情,要及时治疗(隔离),以免传染他人。

(7)接触病人后要及时洗手。

(8)注意合理饮食,多喝开水、多吃新鲜蔬果,加强体育锻炼,增强自身免疫力和抵抗力。

(9)根据气候变化增减衣物,身体不适应及时就医。

七、其他安全防范

(一)防踩踏

(1)在大型集会或活动中,进出服从管理,顺着人流走。

(2)在拥挤的人群中,左手握拳,右手握住左手手腕,双肘撑开平放胸前,以形成一定空间保证呼吸。

(3)在拥挤的人群中,时刻保持警惕,当发现有人情绪不对,或人群开始骚动时,要做好准备保护自己和他人。

(4)脚下要敏感,千万不能被绊倒,避免自己成为拥挤踩踏事件的诱发因素。

(5)不要弯腰捡东西,如果鞋被踩掉,不要整理鞋跟,防止被挤到、踩踏。

(6)当发现自己前面有人突然摔倒,要停下脚步,同时大声呼救,告知后面的人不要向前靠近。

(7)若被推倒,要设法靠近墙壁。面向墙壁,身体弯成球状,双手在颈后紧扣,保护身体最脆弱的部位。

(二)防意外事故

(1)参加课外活动、体育锻炼、技能实践时要提高安全意识,按照要求规范动作,有身体不适或疾病的要及时中止活动并就医。

(2)不私自外出,在野外从事登山、攀岩等危险行为。

(3)出行注意环境安全,谨防高空坠物。

(4)不从事无安全保障的其他活动。

(三)注意交通安全

(1)遵守交通规则,文明出行。

(2)过马路要走斑马线,集中注意力,看清来往车辆,过马路不玩手机。

(3)出行不乘坐超载或无证经营的车辆,在指定区域上下车。

(4)行使不超载,注意前后车辆,不互相追逐,不超速。

(四)做好极端天气安全防护

1. 冰雪天气的安全防护

(1)注意天气变化,路面有积雪或结冰现象,尽量减少外出。

(2)冰雪天道路光滑,尽量避免骑电动车或自行车。

(3)出行注意观察,防止被积雪压断的树枝等坠物砸伤。

(4)不要在积雪较多的沟、坡处玩耍(如打雪仗、滑雪等),避免发生意外。

(5)做好防寒准备,出行要穿防滑鞋。

(6)冬季摔伤主要为擦伤或骨折,当摔倒时,在原地短暂停留,初步判断是否骨折,如有骨折现象,尽量不要轻易移动,及时拨打120或寻求专业人员救护。

2. 雷雨天气的安全防护

(1)不要用手机通话,减少使用电子设备。

(2)避免在雷雨中行走,避雨时不到树下、高压线下、电线杆旁。

(3)不站在高坡上,不在湖中划船或游泳,不在旷野撑带有金属尖顶的伞或高举金属制品,不要停留在房屋(楼)顶上。

(4)关闭收音机、电视机、计算机等电器设备。

(5)不靠近水管、暖气片、避雷针引下线等建筑物内的裸露金属物。

(6)关闭门窗,防止球形雷窜入室内造成危害。

(7)如果发现有人突然被雷电击倒,及时拨打120急救电话,在确定安全的情况下及时进行现场心肺复苏。

3.高温天气的安全防护

(1)常备防暑降温的药品,如清凉油、十滴水等。

(2)外出要打遮阳伞、穿浅色衣服等,防止暴晒。

(3)注意休息时间,保证睡眠。

(4)尽量不做户外剧烈运动或消耗体力较大的活动。

(5)发生中暑时,及时将中暑者移至阴凉处或通风较好的地方,及时脱去其外衣并用温水擦拭头颈部和四肢,帮助中暑者及时降温。

(6)中暑者若意识清醒,可饮淡盐水或淡茶水;中暑较严重或者意识不清醒时,应及时送医院治疗。

· 导 读 ·

认识自我 做好未来规划

古语曰:"凡事预则立,不预则废。"

在今天这个人才竞争的时代,职业生涯规划开始成为就业争夺战中的另一重要利器。对于每一个人而言,职业生命是有限的,如果不进行有效的规划,势必会造成时间和精力的浪费。作为当代的大学生,若是一脸茫然踏入这个竞争激烈的社会,怎能使自己占有一席之地?因此,有必要为自己拟定一份职业生涯规划。有目标才有动力和方向。所谓"知己知彼,百战不殆",在认清自己的现状的基础上,认真规划一下自己的职业生涯。

一个有效的职业生涯规划必须是在充分且正确认识自身条件与相关环境的基础上进行的。要审视自己、认识自己、了解自己,做好自我评估,包括自己的兴趣、特长、性格、学识、技能、智商、情商、思维方式等。即要弄清我想干什么、我能干什么、我应该干什么、在众多的职位面前我会选择什么等问题。

所以要想成功就要正确评价自己。

第六章 职业生涯规划

第一节 职业规划准备

一、职业生涯规划的定义

职业生涯规划又叫职业生涯设计,是指个人以某组织机构为依托,权衡个人兴趣爱好、能力特点,结合时代特征,根据自己的职业倾向,对即将或已经从事的职业进行分析与评价,制定出最符合自身情况的职业发展目标,以此目标为基础,制定出培养目标并逐步实现职业生涯目标。

职业生涯规划最早起源于1908年的美国。有"职业指导之父"之称的弗兰克·帕森斯(Frank Parsons)针对大量年轻人失业的情况,成立了世界上第一个职业咨询机构——波士顿地方就业局,首次提出了"职业咨询"的概念。从此,职业指导开始系统化。大学生职业生涯规划是指学生在大学期间进行系统的职业生涯规划的过程。它包括大学期间的学习规划、职业规划。职业生涯规划的有无及好坏直接影响大学期间的学习生活质量,更直接影响求职就业甚至未来职业生涯的成败。

二、职业生涯规划的重要性

职业生涯的规划将伴随我们的大半生,拥有成功的职业生涯才能实现完美的人生。因此,在大学期间做好职业规划并一步步实施对于以后的人生具有特别重要的意义。

(一)职业规划可以发掘自我潜能,增强个人实力

一份行之有效的职业规划将会:引导你正确认识自身的个性特质、现有与潜在的资源优势,帮助你重新对自己的价值进行定位并使其持续增值;引导你对自己的综合优势与劣势进行对比分析;帮助你明确职业发展的目标与理想;引导你评估个人目标与现实之间的差距;引导你前瞻与实际相结合的职业定位,搜索或发现新的或有潜力的职业机会;使你学会如何运用科学的方法采取可行的步骤与措施,不断增强你的职业竞争力,实现自己的职业目标与理想。

(二)职业规划可以增强发展的目的性与计划性,提升成功的机会

职业生涯发展要有计划、有目的,不可盲目地"撞大运"。很多时候我们的职业生涯受挫就是由于职业生涯规划没有做好。好的计划是成功的开始,古语讲的"凡事预则立,不预则废"就

是这个道理。

(三)职业规划可以提升竞争力

当今社会处在变革的时代,到处充满着激烈的竞争。物竞天择,适者生存。要想在这场激烈的竞争中脱颖而出并保持立于不败之地,必须设计好自己的职业规划,这样才能做到心中有数,不打无准备之仗。

三、当前大学生职业生涯规划的现状

经调查显示,近几年各高校纷纷引进大学生职业生涯规划,积极开展大学生职业生涯规划教育剖析,也取得了较好成效。

但是由于种种原因,高校开展大学生职业生涯规划教育的力度、深度与广度有待深入。现从以下几个方面来分析研究。

(一)大学生自我认知度

大学生对自身能力、职业兴趣等自我认知方面的认识情况,经调查发现,仅有16%的大学生认为对自身能力、职业兴趣、性格等方面非常了解;67%的大学生认为比较了解;17%的学生不了解自己的个性、能力及兴趣。在对大一新生的调查中发现,不了解自己个性兴趣与能力的占43%,是各个年级中比例最大的一个群体。大学生对职业生涯规划的认识不够。在调查中发现仍有一部分同学对自身能力等情况没有明确认识。对自己的将来也没有一个明确的规划。从年级对比上来看,相当一部分学生是在快毕业的时候才想到去了解自己。

(二)大学生对职业目标的认知度

在对大学生职业目标的调查中发现,有52%左右的学生对职业目标不确定,34%的学生对职业目标有较好的了解,仅有14%的学生非常明确自己喜欢的职业并了解职业目标。大多数学生做职业规划时自我认知不足,人生定位功利性强,目标职业选择盲目,职业规划主观性强,盲目地追求过高、过大的发展目标。在职业发展方向方面存在理想色彩,比较多的学生选择以考取各类证书作为自己职业选择的手段;还有一定数量的学生对职业发展方向模糊不清,职业目标定位过于理想化,可行性不强。

(三)高校开设的相关课程及培训工作

调查显示,各高校均开设有就业指导课程,但大部分高校由于师资原因只对部分学生开展选修。大学生获取职业规划指导的主要途径是通过学校,而客观上的原因与相关课程及培训的不足,导致超过一大半的学生没有接受学校的指导服务。

我校以2019级、2020级在校生为调研对象,通过职教云端教学服务平台进行问卷调查,问卷内容包括专业认知、职业生涯认知、就业认知和职业生涯教育情况四个方面。问卷调查开展时间为2020年11月,共收到有效问卷214份,采用Excel表格进行统计汇总。

在专业选择原因及专业满意度方面,调查数据显示:学生选择本专业的原因,有55.61%的学生是因为"自己喜欢",16.36%的学生是因为"好就业",8.42%的学生是参考了他人的意见建议。问卷中在学生对目前所读的专业是否满意的选项中,50.93%的学生选择"满意";31.31%的学生选择"非常满意";17.76%的学生选择"一般"。

总体来看,学生对专业的选择以喜好为主,对所学专业满意度较高。

表 6.1 专业选择原因及专业满意程度

专业选择原因	人数/个	百分比/(%)	专业满意度	人数/个	百分比/(%)
自己喜欢	119	55.61	非常满意	67	31.31
好就业	35	16.36	满意	109	50.93
听别人说好	9	4.21	一般	38	17.76
家人要求	9	4.21	不太满意	0	0.00
随便选	21	9.81	不满意	0	0.00
其他	21	9.81			

在职业规划认知方面,调查数据显示:47.20% 的学生认为职业生涯规划对自己"重要";46.73% 的学生认为"非常重要";但仍有 6.07% 的学生认为"一般重要",这部分学生尚未充分认识到职业生涯规划的重要性。在对自己将来所从事的职业是否有明确规划的选项中,28.04% 的学生选择"有规划,很清晰";68.69% 的学生选择"想过,但不知道怎么规划";3.27% 的学生选择"没想过,到时候再说"。总体来看,绝大多数学生已经认识到职业生涯规划的重要性,但仅少数学生有明确的职业生涯规划,大部分学生缺乏职业生涯规划的能力,且仍有少量的学生缺乏职业生涯规划的意识。

表 6.2 职业规划重要性认知及有无明确职业规划

职业规划重要性认知	人数/个	百分比/(%)	有无明确职业规划	人数/个	百分比/(%)
非常重要	100	46.73	有规划,很清晰	60	28.04
重要	101	47.20	想过,但不知道怎么规划	147	68.69
一般重要	13	6.07	没想过,到时候再说	7	3.27
不重要	0	0.00			
没想过	0	0.00			

在学生就业认知方面,调查数据显示:94.86% 的学生毕业后有明确的打算,其中,25.23% 的学生计划参加专升本,42.99% 的学生计划毕业后就业,8.88% 的学生计划毕业后入伍,15.89% 的学生计划毕业后创业,1.87% 的学生计划毕业后考公务员;但仍有 5.14% 的学生没有明确的就业目标。在是否从事专业对口工作的选项中,仅有 19.159% 的学生选择"一定会";63.551% 的学生选择"不一定";0.935% 的学生选择"不会";仍有 16.355% 的学生对未来是否从事专业对口工作持"不确定"态度。

表 6.3 毕业后的目标

毕业后的打算	人数/个	百分比/(%)	是否从事专业对口工作	人数/个	百分比/(%)
专升本	54	25.23	一定会	41	19.159
就业	92	42.99	不一定	136	63.551
入伍	19	8.88	不会	2	0.935

续表

毕业后的打算	人数/个	百分比/(%)	是否从事专业对口工作	人数/个	百分比/(%)
创业	34	15.89	还不是很清楚	32	14.953
考公务员	4	1.87	到时候再想	3	1.402
不知道	11	5.14			

四、职业生涯规划的不同阶段

人生共有以下四个职业发展阶段。

(1)探索阶段:15~24岁。

(2)确立阶段:24~44岁,这一阶段是大多数人工作周期中的核心部分。这一阶段包括了三个子阶段:尝试子阶段(25~30岁)、稳定子阶段(30~40岁)以及职业中期危机阶段(在30多岁和40多岁之间的某个时段上)。

(3)维持阶段:45~65岁。

(4)下降阶段:66岁以上,当退休临近的时候。

处在不同职业发展阶段的人,应考虑不同的事情。例如,在探索阶段,可以多做些尝试、探索,在工作中摸索出本人的职业性向、职业锚、职业兴趣等,逐步找到最适合自己的职业。而40岁以上的人,就不应该做过多的尝试,而是应该认真分析清楚本人的职业锚、职业性向,选择本人有优势的职业做长远的打算。这里的年龄阶段划分还应该针对不同的职业加以区分,例如:在中国,作为职业足球运动员,30岁已经该退休了;而作为教授,30岁差不多是最年轻的。可以看到,目前在校大学生处在第一阶段——探索阶段。

 ## 第二节 职业规划实施

大学生职业生涯规划实施主要包括职业锚匹配、自我评估、目标确立、外部环境分析和实施策略。

一、职业锚匹配

(一)职业锚的类型

经过多年的争论和发展,职业生涯规划领域公认的"职业锚"理论认为:不同特征的人选择职业生涯有八种不同的方向,即八种职业锚,每个职业锚都具有鲜明的特征,是不同人群选择职业发展方向时的重要参考。八种职业锚具体如下:

技术或职能型职业锚:一般有工程、技术、营销、财务分析、系统分析、企业计划等方向。

管理能力型职业锚:负责管理领域的事物,需要较强的分析能力、人际能力、情绪控制力。

创造型职业锚:要求有自主性、管理能力,甚至有一定的艺术天分。

自主型职业锚:具有摆脱组织约束和追求施展个人特性的职业特征。

安全型职业锚:具有追求稳定和安全的特征。

服务型职业锚:具有追寻帮助他人的特征。

挑战型职业锚:选择新奇、变化和困难程度高的工作。

生活型职业锚:具有喜欢宽松、自由时间的特征。

(二)自我认知是职业锚匹配的前提

拿破仑·希尔曾经说:一切成就、一切财富都始于自我认知,职业生涯规划领域也十分注重对自我的系统认知。而合格的自我认知则包括对这些方面的认知:生理我、心理我、社会我、道德我、家庭我、优势我、完整我。

生理我,指人的身体状况等相关因素。比如身高、体重、传染病、长相等对人职业选择的影响。

心理我,即倾向于表示对个人价值和能力的评价,比如兴趣爱好、性格特征、特长和能力、潜力和价值观,这些在职业选择和职业发展方面都影响重大。

社会我,则体现为一个人在与社会的互动过程中体现出来的社会性和社会感,比如社会适应力、社会责任感等。通常,个体与社会越契合,职业生涯发展越顺畅。

道德我,即包括诸如忠、孝、礼、义、信、仁、耻等在内的公民基本道德,以及敬业爱岗、守信公道等在内的职业道德,一个没有道德感的人是无法在职业中顺利与人合作、达成目标的。

家庭我,则表示一个人对自己和家庭的价值观和责任感,通常是职业生涯发展的助推器和力量源泉。

优势我,所谓尺有所短、寸有所长,找到自己的优势和不足,才能更好地找到属于自己的职业发展之路。

以上这一切就组成了"完整我",而要进行科学的完整我认知,需要有科学的知识模型和工具来进行分析。譬如日常我们说的写遗嘱法、橱窗分析法、他人评价法、职业测评法等,而更专业的则有职业测评、专业人士咨询、职业规划师介入等,每个人找到职业道路的方法都是不同的,选择最适合自己的自我认知方法就是最好的方法。

(三)环境认知是职业锚匹配的必要补充

只有知道自己活在什么样的环境中,知道周围正在发生什么样的事情,个体才能够及时调整自己的生存策略,不断在职业生涯发展道路上前进。

环境认知,公认比较重要的几个方面如下:

家庭环境,比如父母的职业、家庭的经济情况、家庭未来可支配收入等,这诸多方面都会对一个人的职业选择和发展构成重大影响。

受教育环境,不得不承认,接受过什么样的教育、和什么样的人结交、读过什么样的书,都会影响一个人未来的职业选择和职业发展方向。

城市环境,城市的经济发展水平、产业结构、重点企业、城市资源等方面都会对一个人的职业前途有重大的影响。

(四)专业或行业背景是职业锚匹配的向导

专业背景通常可以简化为个体最擅长的专业,个体的专业越前沿、越重要、学得越好,职业生涯越容易。

行业则表现为与专业或个人能力所对应的行业特征,个人能力与行业越对口,职业发展越顺畅。

职业背景,即个体之前的从业经验和累积的职业能力,通常上一个职业背景对之后的职业发展有巨大影响。

社会环境,如国家政治经济环境、国家产业政策、行业发展趋势和就业情况等,抓住时代和社会的需求,走在环境的怀抱里,职业发展自然不会差。

二、自我评估

"人贵有自知之明"。自我评估的目的是认识自己、了解自己。只有认识了自己,才能对自己的职业做出正确的选择,才能选定适合自己发展的职业生涯路线,才能对自己的职业生涯目标做出最佳选择。

(一)自我评估的主要内容

自我评估的内容非常广泛,包括了解自己的性格、兴趣、特长、学识、技能、思维、道德水准等。就大学生而言,自我评估主要是评价体力、兴趣、能力和人格。

1. 体力

体力评价是通过对自己的身体素质的评价、分析,判断出其所适应的职业。一般包括以下六个方面的内容:①力气;②身体动作的敏捷性和平衡性;③下肢或腰背的协调性;④手臂的灵活性和协调性;⑤言语器官及视听器官的结构与功能状况;⑥整体协调控制能力。

不同职业对从业者的体力要求各异,比如干体力活的人应该是身强力壮的,从事体育的人动作的敏捷性和协调性要好,从事音乐艺术教育的人听觉器官要灵敏等。其他职业在一定程度上也存在着体力的要求,有的职业对从业者的体力要求还存在着特殊性。因此,大学生在确立职业目标时,也要从体力上考虑自身的实际情况。

2. 兴趣

兴趣是人们认识某种事物或从事某种活动的心理倾向,它是以认识和探索外界事物的需要为基础的,是推动人认识事物、探索真理的重要动机。当个人对某种事物感兴趣时,会对它产生特别的注意力,对该事物感知敏锐、记忆牢固、思维活跃、情感浓厚、意志坚强。

兴趣是人们活动的重要动力之一。绝大多数学生在选择自己大学专业的时候,往往是倾向于个人感兴趣的领域作为首选。也有部分学生可能是听从了父母、朋友的建议,又或者是由于其他因素,并非完全是以自己的兴趣为出发点选择大学专业,但是如果能在大学期间发掘自己真正感兴趣的领域,发掘出自己的职业兴趣,那么就会更加明确自己的大学生涯目标,更快确定自己的职业方向。

3. 能力

能力是直接影响人们顺利完成活动并直接影响活动效率的个性心理特征。能力分为一般能力与特殊能力。一般能力是顺利完成各种活动所必备的基本能力,如注意力、观察力、记忆力、想象力等。这些在认识活动中表现出来的一般能力通常叫智力。特殊能力是顺利完成某种特殊活动所必备的能力,它同职业活动紧密相连。

职业能力既与一般能力有关,更与特殊能力密不可分。人们从事某种职业活动都是具体的,因此人的职业能力主要就是指人的特殊能力,它是表示从业人员为胜任这一职业要求而必备的能力。

4. 人格

人格指个人的需要、动机、兴趣、态度、价值观、性格等。人格影响人的行为,当然也包括人的职业行为。我们要想在职业生活中获得尽可能大的满意度和适应感,那么在择业之前,就该了解自己的人格及其职业适应性,以求实现人职匹配。

(二)自我评估的方法

认识自我就是要客观地评价自己,既不要高估自己,也不要贬低自己;认识自我,就是要认识自己的优势、劣势、自己的与众不同之处和发展潜力。那么怎样才能客观地认识自我呢?一般可以通过如下的方式进行。

1. 运用测评手段

心理测验是一种力求客观的测量手段,它的特点是能够在较短的时间里测出一个人某方面的特点,并且这一特点是在与群体的比较中得出的。通过测量,个人能够在短期内获得对自己较为客观的描述和评价。通过评估,分析自我的特点,再结合职业的要求,帮助自我进行职业选择。要注意的是,通过测验所得出的结果,只是一种参照性的结果,并不是绝对的,只是帮助进行自我分析的方法之一。

能力倾向测验主要用来预估未来工作表现成功的概率,《一般能力倾向成套测验》和《区分能力倾向测验》都是很有名的能力倾向测验。

兴趣测验通常用来测量个人兴趣类型,并将测验结果与职业团体相比较,指出一个人的职业兴趣与哪一类职业从业人员的兴趣最为相近,《斯特朗职业兴趣量表》、《库德职业兴趣量表》和《霍兰德自我探索量表》是著名的职业兴趣量表。

人格测验则提供影响受测对象行为的个人特质,测验结果用来比较几种不易下决定的职业时,常常具有澄清的作用,《卡特尔16种人格因素问卷》、《艾森克人格问卷》和《爱德华个人偏好量表》是适用的人格测验量表。价值问卷的用途与人格测验有类似之处,同样能反映个人特质,这些特质和"我最看重什么"有较大关系,舒伯的《职业价值观量表》和《奥尔波特价值观量表》是适用的价值问卷。在这些著名测验中有的测验已经被我国引进和修订,同时国内也编制了一些类似的测验,自己可以根据需要加以选择使用。

2. 总结过去的经验

回顾过去的经历,对自己的想法、期望、品德、行为进行理性思考,然后认真地描述和判断自己的特点。在这个过程中,需要个人收集信息,耐心地分析。比如,问问自己,过去我做过什么自己确实喜欢的工作,喜欢这些工作的哪些方面?现在我仍然喜欢它们什么?我喜欢处理人际关系,还是喜欢处理具体问题或处理信息情报的技术?什么能激发我的活力,什么令我感觉倦怠乏味?

另外,要对过去的成功经验和教训进行回顾,分析自己过去有哪些成功,哪些不成功,原因是什么。除了客观因素外,自己有哪些方面需要改进。要注意的是,应尽量以客观评价为依据,避免因为个人认识或个人动机出现较大的误差。

3. 他人的评价或与他人比较

首先,依据他人对自己的态度评价自己。个人对自己的评价往往是以其他人的评价为参照,人们在相互交往中,不断深化对自己的认识。如可以问问家长、老师、同学、朋友对自己的评价和态度是怎样的。

其次,通过与自己条件相似的人比较来评价自己。如可以和自己的大学同学比较概括自己的特点。要注意的是,应能够准确理解和分析他人对自己的态度和说法。

4. 通过专家咨询

到就业指导中心、专业咨询机构进行咨询,是一种有效而快捷的方式。一般来说,咨询人员会利用他的学识、经验以及科学的咨询技术给个人提供帮助,在咨询过程中个人可以获得大量的知识和信息资料,获得对问题的重新认识。更重要的是,通过专家咨询,会提高自己的决策能力。

三、目标确立

学业或事业的成功,很大程度上取决于有无正确适当的目标。

目标对人生有巨大的导向作用。有了目标,人才会坚定、勤勉、不畏艰险,促使自己努力实践;有了目标,人的生命才能在有限的时空里,最大限度地释放能量。成功者必定是目标意识的强者。没有目标,就如同驶入大海的孤舟,没有方向,不知道自己走向何方。

(一)不同阶段的目标定位

每个人在规划自己的职业目标时,应包括短期、中期、长期三个不同阶段的目标。

短期目标是一些具体的、操作层面的为实现中、长期目标而采取的步骤。短期目标要切合实际,规定好明确的完成时间,目标内容要有可操作性。

中期目标从某种意义上来说,是许多短期目标完成的结果,又为实现长期目标打下基础。中期目标有比较具体的完成时间,也可以根据情况进行适当的调整。

长期目标是自己经过思考后认真选择的,符合自己的价值观,与自己的未来发展相结合的愿望。长期目标有实现的可能性,又具有挑战性。作为大学生来说,首先应该规划的是自己的短期目标,也就是在大学三年时间里如何为将来的职业发展打下基础,让自己具备什么样的能力。

(二)职业生涯目标分类

职业生涯目标按照性质,可以分解为外职业生涯目标和内职业生涯目标。

外职业生涯目标包括工作内容目标、职务目标、工作环境目标、经济目标等。

内职业生涯目标侧重于在职业生涯过程中的知识、经验的积累,观念和能力的提高以及内心的感受,主要包括观念目标、工作能力目标、工作成果目标、提高心理素质目标、掌握新知识目标、处理与其他人生目标活动关系的目标等。

根据美国著名职业生涯管理专家萨珀的职业生涯发展理论,我国大多数大学生一直在学校求学,正处于职业生涯发展的探索阶段和学习奠基阶段。他们通过在专业学习、社会实践、勤工助学和社会兼职中尝试不同的职业角色,逐步强化对社会职业的认识,并不断修正职业期望值。同时,根据个人的兴趣、需求、能力、价值和就业机会等因素,做出暂时性的选择和实验性的尝试,使个人的职业偏好更加具体化,并在收集和分析相关职业信息的基础上迈入就业市场,由一般性的选择转变为特定职业目标的选择,正式选定与自己适合的职业,并把它作为自己的主要职业发展方向。

一般情况下,大学生职业生涯规划的主要目标有以下几点。

(1)发展和完善自我。认识自己的个人特质、个人期望和抱负,建立和完善个人职业价值观念。

(2)准确觉察自己所偏好的生活形态和工作价值观。

(3)培养个人职业生涯决策技巧,在面对各种决定情境时,能准确界定问题,科学分析关联要素,力求做出最适当的决定。

(4)熟悉职业生涯规划过程,并能通过规划,找出最适合自己的职业发展方向。

(5)培养自己具有面对职业岗位或行业发展变化的适应能力和应变能力。

四、外部环境分析

外部环境分析主要是评估各种环境因素对自己职业生涯发展的影响。每一个人都处在一定的环境之中,离开这一环境便无法生存与成长。所以,在制定个人的职业生涯规划时,要分析环境条件的特点、环境的发展变化情况、自己在这个环境中的地位、环境对自己提出的要求以及环境对自己有利的条件和不利因素等。只有对这些环境因素充分了解,才能做到在复杂的环境中趋利避害,使你的职业生涯设计具有实际可行的意义。

(一)社会环境分析

现代社会的发展不可避免地影响到我们的职业选择与职业发展,大学生在做职业生涯规划的过程中,首先应考虑整个社会或行业的发展态势,这样更能从宏观上清晰了解产业的状况,有利于个人更加全面地调整个人职业定位或职业发展方向。

譬如,随着互联网技术的不断普及与完善,世界经济一体化进程的加快,跨境贸易、互联网金融领域发展迅速,高质量人才需求较大;当前,我国社会城市化建设进程加快,就业机会增多等。

(二)行业环境分析

行业环境分析是对将来想从事的目标行业的环境分析。分析内容包括行业发展现状、国际国内重大事件对该行业的影响、目前行业优势与问题所在、行业发展前景预测等。如某个行业在我们国家是怎样的一个发展趋势,是一个逐渐萎缩的行业,还是一个朝阳行业?政府根据国家宏观经济状况所发布的法规政策,对本行业是鼓励、扶持还是限制、压缩?

譬如,近几年我国社会产业结构发生了明显变化,第一产业比重逐步降低,第三产业比重上升。同时,三大产业之间出现了融合的趋势。高新技术产业不断发展,如电子与信息技术、生物医药技术、新材料技术、光电一体化技术、环境保护技术、航天航空技术、新能源高效节能技术等,朝阳产业领域的就业竞争力不断增强。

(三)学校和家庭环境分析

不同的家庭背景、家庭结构、教养方式和家庭生活条件对个人职业生涯的影响是不言而喻的;不同的学校,乃至不同的老师,对学生的职业目标及其心理、态度和行为方式会产生不同的影响。

因此,对家庭、学校等微观环境的评估,实际上是一个反思回顾的过程,也就是发现和认识自己成长轨迹过程中家庭、学校等环境对自己有什么影响,分析哪些是可以改变的,哪些是可以利用的优势条件,哪些是要克服的不利条件等。

(四)职业分析

对一种职业是否有深刻的认识将关系到能否长期坚定职业方向,能否建立明确的职业目标。职业分析需要认清所选定的职业所需要的知识、技能和人格特征,职业的特点,在社会环境中的发展过程和目前的社会地位,以及社会发展趋势对此职业的影响。如社会发展趋势对于选择的职业有何影响和需求、是不是最适合自己的职业等。

(五)SWOT 分析

在充分认识宏观环境与微观环境之后,应评估各种环境因素对自己职业发展的影响,根据自己的兴趣、爱好与特长,考虑自己的性格、气质与能力等特征是否适合这样的环境发展,对职业发展中的各种机会进行评估。

在所有机会的评估工具中,SWOT 分析法是最著名也是最基本的一种。SWOT 是四个英语单词 Strength、Weakness、Opportunity 和 Threat 的首字母缩写,分别表示优势、劣势、机会和威胁。一般来说,优势和劣势从属于个人本身,而机会和威胁则更可能来自外部环境。因此,当个人评估职业生涯机会时,SWOT 分析便可以派上用场。

优势:自己出色的方面,尤其是与竞争对手相比,具有优势的方面。如语言表达能力强、社会关系资源丰富、身体素质好等。

劣势:与竞争对手相比处于落后地位的方面。如不善于交际、活动能力比竞争对手差等。

机会:有利于职业选择和职业发展的一些机会。如新的职位或岗位的设立、高一级职位的补缺等。

威胁:存在潜在危险的方面。如企业走向衰落、不喜欢自己这种性格的人来担任直接上司等。

运用 SWOT 分析方法进行职业生涯机会评估时,要尽可能地对面临的各种职业发展机会进行评估,然后确定职业生涯目标,选出最优发展机会。

五、实施策略

(一)制定职业规划方案

很多职业咨询机构和心理学专家在进行职业咨询和职业规划时,常采用六个"What"的归零思考的模式:从自己是谁开始,然后逐一深入提问,完成职业规划方案的制定。

该模式有以下六个问题:

(1) what are you?

(2) What you want?

(3) What can you do?

(4) What can support you?

(5) What fit you most?

(6) What you can be in the end?

回答了这六个问题,找到它们的最高共同点,你就有了自己的职业生涯规划。

第一个问题"What are you(你是干什么的)?"是指个人对自己进行全面客观的反思,深刻认识自己的优点和不足,将所有的内容罗列出来。

第二个问题"What you want(你想干什么)?"是自己职业发展的一个心理趋向的检查。

结合自己的兴趣爱好,提出自己的职业目标。

第三个问题"What can you do(你能干什么)?"是个人对自己能力与潜力的全面总结。一个人职业的定位最终要和他的能力相匹配,自己喜欢的不一定是自己擅长的,只有在自己能力所能胜任的职业领域内,才能更好地激发自己的潜力,获得更大的职业发展空间。

第四个问题"What can support you(环境支持或允许你干什么)?"这种环境支持包括客观和主观两个方面。在客观方面,比如经济发展、人事政策、企业制度、职业空间等;主观方面包括同事关系、领导态度、亲戚关系等,两方面的因素应该综合起来看。在做职业选择时,应该将一切有利于自己发展的因素调动起来。

第五个问题"What fit you most(什么是最适合你的)?"面临各种不同的行业和职位选择,并不单是考虑待遇、成就感等因素,不同的工作,压力和劳累程度也不一样。选择适合自己的才是最好的。这就要综合前四个问题进行分析,得出结果。

明确了以上的五个问题,自己就会对想要实现的职业目标有了更加全面的认识,看清实现职业目标的有利和不利条件、客观和主观的因素,从中找到不利条件最少的、自己想做而且又能够做的职业目标,那么第六个问题"What you can be in the end(自己最终的职业目标是什么)?"就有明确的答案了。

(二)采取积极的落实举措

有了一个好的职业规划思路或方案还不够,还要尽一切努力,保证落实好。特别是面对不可预知的诸多因素的干扰,更要分清轻重缓急予以解决。既不能一蹴而就,更不能半途而废。

下面几项举措建议,可以帮助你更好地落实自己的职业生涯规划。

(1)根据环境条件变化,定期评估阶段性任务和目标,必要时及时做出适当调整。

(2)积极与老师、就业指导人员等进行职业发展的交流、讨论,咨询或寻求更加适合的发展线路和方法。

(3)制定目标实现进度图,定期检查阶段性目标的完成情况,强化自我目标实现的过程管理。

(4)当你做出一个对生活、学习或工作极其重要的决定时,应考虑一下自己的行动规划,并确保决策不违背你的发展目标。

(5)学会信息收集与分析,善于发现和把握机遇,为实现自己的职业目标打下基础。

(6)学会利用时间,拒绝懒惰,增加在职业生涯目标上的精力投入。

任何事物都处在不断变化中,绝大部分变化是难以预见的。职业定位,也并非一个静态结果,而是一个动态过程。我们需要结合自己职业生涯的每一个阶段,对自己的职业定位不断做出修正调整,以更好地符合自身发展和社会发展的需要。职业生涯规划的评估与反馈过程是个人对自己的不断认识过程,也是对社会的不断认识过程,它能使我们的职业规划更加符合实际情况,更加适应环境的变化,更加能够有效实施。

参考文献

[1] 尹喜,左利华,陈然然.我的大学——大学入学教育导航[M].成都:电子科技大学出版社,2020.
[2] 郑雪,等.健康与人格[M].广州:暨南大学出版社,2007.
[3] 焦雨梅,等.大学生心理健康教育[M].镇江:江苏大学出版社,2013.
[4] 简鸿飞.大学心理健康[M].北京:北京理工大学出版社,2012.
[5] 余珊珊,潘伟伟.大学生心理健康[M].西安:西安交通大学出版社,2014.
[6] 郑雪.人格心理学[M].广州:广东高等教育出版社,2007.
[7] 韦有华.人格心理辅导[M].上海:上海教育出版社,2000.
[8] 帕金森(Parkinson,M).人格测试[M].北京:中国轻工业出版社,2007.
[9] 陈明星,姚廷超.阳光成长:大学生心理健康教育与素质拓展[M].西安:西安交通大学出版社,2014.
[10] 方平.自助与成长:大学生心理健康教育[M].北京:教育科学出版社,2016.
[11] 熊楚国.大学生心理健康教育[M].武汉:华中科技大学出版社,2018.
[12] [美]亚伯拉罕·马斯洛.动机与人格[M].许金声,等,译.北京:中国人民大学出版社,2017.
[13] 李东,左莉.我校学生安全意识和法纪观念的现状及对策研究[J].考试周刊,2012(04).
[14] 伏湘.桥头堡建设背景下云南中等职业院校校企合作研究[D].昆明:云南师范大学,2013.
[15] 于瓛.完善高职院校二级管理模式研究[D].呼和浩特:内蒙古师范大学,2014.
[16] 刘丽萍.基于协同创新理念的G学院校企合作研究[D].南昌:南昌大学,2014.
[17] 方展画,王东.美国校园危机管理探究——兼论国内高校突发事件的应对策略[J].大学教育科学,2011(04).
[18] 郭伟,王金荣,李碧华.高职院校大学生安全意识现状与对策[J].广西教育学院学报,2011(04).
[19] 孟顺芬.中学生厌学英语状况调研[D].昆明:云南师范大学,2011.
[20] 丁晓霞.楚雄民族中等专业学校发展策略研究[D].昆明:云南师范大学,2007.
[21] 喻问琼.日本防灾安全教育的经验和我国学校的安全教育[J].教育探索,2011(07).
[22] 王文湛.学校安全工作指南[M].北京:光明日报出版社,2005.
[23] 陈向明.质的研究方法与社会科学研究[M].北京:教育科学出版社,2000.
[24] 李宁.乡村振兴背景下推进人才强农战略路径研究[J].农业经济,2018(10).
[25] 宋慧捷.高职院校大学生职业生涯规划课程实施的问题与对策研究[D].桂林:广西师范大学,2017.
[26] 杨梅."双创"背景下大学生职业生涯规划教育现状调查——以农林畜牧类高校大学生为例[J].高教学刊,2019(6).

[27] 顾嘉.高职院校职业生涯规划教育模式创新设计[J].产业与科技论坛,2019,18(8):100-101.

[28] 卢彤菲.大学生职业生涯规划咨询案例分析[J].教育教学论坛,2018(52):49-50.

[29] 陈卓,文艺.高职大学生职业生涯规划案例分析[J].开封文化艺术职业学院学报,2020(40).

[30] 邓宏宝.国外中学生涯教育课程实施:经验与启示[J].外国中小学教育,2013(10):24-31.

[31] 毛安,于晓艳,鲁法典,袁义福,李琪.对外交流项目促进涉林学科人才培养模式改革研究[J].教育教学论坛,2019(43):103-105.

[32] 刘峥.大学生认同与践行社会主义核心价值观研究[D].长沙:中南大学,2012.

[33] 熊茉莉.大学生职业观教育与思想政治教育相结合的价值与实现[J].兰州教育学院学报,2012,28(3):100-101.

[34] 边静.高等教育大众化时期大学生职业观教育[J].长春工业大学学报(高教研究版),2012,33(2):69-70.

[35] 秦武峰,石海云.林业职业院校特色治理[M].北京:经济日报出版社,2019.

[36] 高亮,罗平,钱晓芳.入学教育[M].西安:西北工业大学出版社,2020.